古代建筑
历史的居所

LISHI DE JUSUO GUDAI JIANZHU

王子安 ◎ 主编

汕头大学出版社

图书在版编目（CIP）数据

历史的居所・古代建筑 / 王子安主编. -- 汕头：汕头大学出版社，2012.5（2024.1重印）
ISBN 978-7-5658-0848-7

Ⅰ. ①历… Ⅱ. ①王… Ⅲ. ①古建筑－介绍－中国 Ⅳ. ①K928.71

中国版本图书馆CIP数据核字(2012)第098423号

历史的居所・古代建筑

主　　编：	王子安
责任编辑：	胡开祥
责任技编：	黄东生
封面设计：	君阅天下
出版发行：	汕头大学出版社
	广东省汕头市汕头大学内　邮编：515063
电　　话：	0754-82904613
印　　刷：	三河市嵩川印刷有限公司
开　　本：	710 mm×1000 mm　1/16
印　　张：	16
字　　数：	97千字
版　　次：	2012年5月第1版
印　　次：	2024年1月第2次印刷
定　　价：	69.00元

ISBN 978-7-5658-0848-7

版权所有，翻版必究
如发现印装质量问题，请与承印厂联系退换

目录

第一章　中国古代建筑的发展简史

中国古代建筑的起源 ... 3
先秦与秦朝时期的建筑 ... 9
两汉王朝时期的建筑 ... 18
魏晋南北朝时期的建筑 ... 27
隋唐五代时期的建筑 ... 35
两宋辽金时期的建筑 ... 49
蒙元时期的建筑 ... 68
明清时期的建筑 ... 76

第二章　中国古代建筑的基本类型

中国古代民居建筑 ... 91
中国古典园林建筑 ... 102
中国古代宫殿建筑 ... 114

　　　　中国古代宗教建筑　　　　　　　129
　　　　中国古代城市与桥梁建筑　　　　148
　　　　中国古代墙垣与陵墓建筑　　　　163

第三章　中国古代建筑的艺术风格

　　　　中国古代建筑的风格类型　　　　185
　　　　中国古代建筑的艺术特点　　　　194
　　　　中国古代建筑的装饰美学　　　　200

第四章　中国古代建筑的结构形式

　　　　中国古代建筑的形式与特点　　　207
　　　　中国古代建筑的常用构件　　　　220
　　　　中国古代建筑的装饰材料　　　　232

附录一　中国古代特色民居　　　　　　240

附录二　中国古代特色园林　　　　　　246

中国古代建筑的发展简史

在五千年的悠久历史中，中华民族的先人创造了光辉灿烂的建筑文化。中国建筑在世界的东方独树一帜，它和欧洲建筑、伊斯兰建筑并称为世界三大建筑体系。博大精深的中国建筑文化，在古代以中国为中心，以汉式建筑为主，传播至日本、朝鲜、蒙古和越南等国，形成了别具一格的"泛东亚建筑风格"，在人类的文明史上写下了光辉的篇章。中国古建筑历史悠久，而且时至今日，遗留下了大批珍贵的诸如陵墓、宫殿、园林、寺庙、民居等古建筑精品，淋漓尽致地展示着中国古建筑的迷人风采。本章我们将带领大家一起去了解中国古代建筑的起源，以及各个历史朝代中国古代建筑的发展变化，使大家对中国古代建筑的起源与发展有个充分的了解。

中外文化艺术大讲堂

中国古代建筑的起源

中国有着7000多年的建筑历史，神州大地上出现过无比丰富的古代建筑，至今仍保存着丰富的建筑遗迹。中国古代建筑，集科学性、创造性、艺术性于一体，既具有独特的风格，又具有特殊的功能，在世界建筑中独树一帜。无论是秦砖汉瓦、隋唐寺庙、两宋祠观，还是明清故宫、皇家苑囿、苏州园林，等等，无不凝聚着中华民族的智慧，成为中华文化的重要组成部分。

中国古代建筑，无论是宫殿、寺庙、陵寝，还是园林、市镇、宅院，都是特定历史时

古代建筑

期政治、经济、文化、技术诸方面条件的综合产物。透过它们，不仅可以从中国古代建筑宝库中汲取营养，还可以更好地了解中华民族的历史，对于传承民族文化，建设美好家园，都将产生积极作用。下面我们就来简单扼要地回顾下中国古代建筑的起源。

在原始社会，当时的人不会造房屋，都居住在树上，但不久人们发现这样居住上下很不方便，又不可能扩大空间，也不能分居，于是从树上搬下来，寻找自然山洞。例如周口店人、曲江人、马坝人等，他们的住所都是山洞，也就是今天常见的大岩洞。穴居生活上下不便，没有阳光，甚至想要通风也是困难的。华夏祖先穴居时间甚久。到南北朝时期，吉林、辽宁一些少数民族仍然穴居。当地还有一种房屋，名曰"地窨子"，这便是穴居的继续。后来，我们的祖先从穴居逐步升至地面，成为半穴居。直到想出了办法将房屋建造在地面上，这样才可以采光、通风，达到了正常居所环境质量的要

★ 地窨子

求，有益人体的健康。原始时期的古人，主要采取穴居、巢居这两种作为自己的生活方式。

（1）穴居。《易·系辞》曰："上古穴居而野处"。旧石器时代原始人居住的岩洞在北京、辽宁、贵州、广东、湖北、江西、江苏、浙江等地都有发现，这种大自然所天然赐予的洞穴是当时用作住所的一种较普遍的方式。进入氏族社会以后，随着生产力水平的提高，房屋建筑也开始出现。但在环境适宜的地区，穴居依然是当地氏族部落主要的居住方式，只不过人工洞穴取代了天然洞穴，且形式日渐多样，更加适合人类的活动。例如在黄河流域有广阔而丰厚的黄土层，土质均匀，含有石灰质，

★ 山西窑洞

有壁立不易倒塌的特点，便于挖作洞穴。因此原始社会晚期，竖穴上覆盖草顶的穴居成为这一区域氏族部落广泛采用的一种居住方式。同时，在黄土沟壁上开挖横穴而成的窑洞式住宅，也在山西、甘肃、宁夏等地广泛出现，其平面多为圆形，和一般竖穴式穴居并无差别。山西还发现了"低坑式"窑洞遗址，即先在地面上挖出下沉式天井院，再在院壁上横向挖出窑洞，这是至今在河南等地仍被使用的一种窑

洞。随着原始人营造房屋经验的不断积累和技术提高，穴居从竖穴逐步发展到半穴居，最后又被地面建筑所代替。

（2）巢居。《韩非子·五蠹》曰："上古之世，人民少而禽兽众，人民不胜禽兽虫蛇，有圣人作，构木为巢，以避群害。"著名思想家孟子也说："下者为巢，上者为营窟。"由此而推测，巢居是地势低洼、气候潮湿而多虫蛇的地区所采用过的一种原始居住方式。中国古籍《礼记》记载有："昔者先王未有宫室，冬则居营窟，夏则居橧巢"。

在近年的考古工作中，一批原始社会公共建筑遗址被发现，如浙江余杭县土筑祭坛，内蒙古大青山和辽宁喀左县东山嘴石砌方圆祭坛，辽西建平县境内的神庙等。这些发现，使人们对神州大地上先民的建筑水平有了新的了解，他们为了表示对神的崇敬之心，开始创造出一种超常的建筑形式，从而出现了沿轴展开的多重空间组合的建筑装饰艺术，这是建筑史上的一次飞跃。从此建筑不仅具有了它的物质功能而且具有了精神意义，促进了建筑技术和艺术向更高层次发展。

农耕社会的到来，引导人们走出洞穴，走出丛林。人们可以用劳动创造生活，来把握自己的命运，同时也开始了人工营造屋室的新阶段，并建立了以生活居住区为中心的建筑规划新秩序，出现了部落式样的原始村镇、城市，真正意义上的"建筑"由此诞生了。在

中外文化艺术大讲堂

★原始半穴居复原图

母系氏族社会晚期的新石器时代，在仰韶、半坡、姜寨、河姆渡等考古发掘中均有居住遗址的发现。北方仰韶文化遗址多为半地穴式，但后期的建筑已进展到地面建筑，并已有了分隔成几个房间的房屋。

南方较潮湿地区，"巢居"已演进为初期的干阑式建筑。如长江下游河姆渡遗址中就发现了许多干阑建筑构件，甚至有较为精细的卯、启口等。由于木构架建筑是中国古代建筑的主流，因此我们可以大胆将浙江余姚河姆渡的干阑木构誉为——"华夏建筑文化之源"。干阑式民居，这是一种下部架空的住宅。它具有通风、防潮、防盗、防兽等优点，对于气候炎热、潮湿多雨的地区非常适用。它距今约六、七千年，是我国已知的最早采用榫卯技术构筑木结构房屋的一个实例。

浙江余姚河姆渡的干阑木构实例，已发掘部分是长约23

★河姆渡干阑式建筑木构件

7

古代建筑

米、进深约8米的木构架建筑遗址，推测是一座长条形的、体量相当大的干阑式建筑。木构件遗物有柱、梁、枋、板等，许多构件上都带有榫卯，有的构件还有多处榫卯。可以说，河姆渡的干阑木构已初具木构架建筑的雏形，体现了木构建筑之初的技术水平，具有重要的参考价值与代表意义。

此外，在山西陶寺村龙山文化遗址中，龙山的住房遗址已有家庭私有的痕迹，出现了双室相联的套间式半穴居，平面成"吕"字型。套间式布置也反映了以家庭为单位的生活。在建筑技术方面，开始广泛地在室内地面上涂抹光洁坚硬的白灰面层，使地面收到防潮、清洁和明亮的效果。尤其值得一提的是，龙山的住房遗址中已出现了白灰墙面上刻画的图案，这是我国已知的最古老的居室装饰。

★河姆渡干阑木构建筑复原图

先秦与秦朝时期的建筑

公元前21世纪，禹的儿子启破坏了民主推选的禅让惯例，自袭王位，建立了中国历史上第一个奴隶制国家夏朝。为镇压奴隶和平民的反抗，设军队，制刑法，修监狱，筑城墙，建立了国家机器。公元前16世纪，夏朝最后一个王桀暴虐无道，居住在黄河下游的商部落在首领汤的率领下乘机起兵攻夏，灭亡了夏。

商朝最早的国都在亳（今河南商丘）。公元前14世纪，商朝第二十位国王盘庚从"奄"（今山东曲阜）迁至"殷"（今安阳小屯），直至商朝灭亡。后人称这段历史为殷朝，此地也称殷都。殷都被西周废

★ 河南安阳殷墟遗址

古代建筑

弃之后，逐渐沦为废墟，故称"殷墟"。

商朝最后一个王纣是个暴君，创制"炮烙"之刑，社会矛盾空前尖锐起来。这时渭水流域的周族首领周文王重视农业生产，任用有才能的姜尚等人，势力逐步强大。公元前11世纪中期，周武王联合西方和南方的部落灭亡了商朝。周武王都城镐京，史称西周。为了巩固奴隶主政权，西周实行分封制。周天子把土地和人民，分给亲属、功臣等，封他们为诸侯，建立起众多的诸侯国。诸侯必须服从周天子的命令，向天子纳贡，带兵随天子作战，定期朝见天子。西周还建立了宗法制度，规定天子、诸侯等的职位，只有嫡长子有资格继承。

公元前770年，周平王迁都到东边的洛邑，称为东周。东周又分"春秋"和"战国"两个时期。春秋时期，周王室衰落，周天子名义上是各国共同的君主。一些比较强大的诸侯国家用武力兼并小国，大国之间也互相争夺土地，经常打仗。战胜的大国诸侯，可以号令其他诸侯。这种人称做霸主。公元前403年，韩、赵、魏三家分晋后，剩下秦、齐、楚、燕、韩、赵、魏七个大国，史称"战国七雄"，中国进入战国时代。

据载，夏人以木器翻土，以石刀、蚌镰收割，因当时铜很珍贵，还未用于农业生产。那时人们已不再消极适应自然，积极的开河道，防洪水，有了原始的水利灌溉技术，且

中外文化艺术大讲堂

★青铜器——司母戊大方鼎

有规则的使用土地,人们的天文历法知识也逐渐积累起来,今天的农历又叫"夏历",就来源于夏朝。到商朝时,历法更加完备,一年分为12个月,大月30天,小月29天,闰年增加一月,称为"殷历"。商人开始使用甲骨文,手工业已很发达,青铜冶铸、制陶和玉石雕刻业都有很大发展,已有各种行业的作坊。

西周时期,农业进一步发展。粮食和其他作物的品种增多了,主要粮食有黍、麦、稻等。桑麻的种植很普遍,麻布和丝绸是当时的衣料来源。那时已有人工灌溉,开始使用绿肥,还知道灭杀害虫,使得农作物产量大大提高,周代手工业种类多,分工细,包括青铜制造、制陶、纺织业等,号称"百工"。商周的青铜器造型

古代建筑

美观，生动逼真。春秋以后，铁制工具的出现改变了生产方式，土地渐转到私人手中、城市兴起，货币经济得到发展。周代是我国文化勃兴的时代。周公旦为西周置礼备乐，辅佐周成王和周康王，使周朝出现了最太平、最富裕的时期，史称"成康之治"；西周末年，奴隶制开始瓦解，这种社会的变革使文化的空前繁荣，出现了老子、孔子的等大思想家和百家争鸣的局面。

秦朝是我国历史上一个极为重要的朝代。它在历史上虽然为时很短，但对后世却有极其深远的影响，以至今日西方人还称中国为China，即Sina（秦）。秦始皇统一了中国大陆，其版图基本沿用至今；它建立的一套中央集权制度，也基本上为后世历代王朝所继承；奠定了中国作为统一多民族国家的基础；在社会方面秦朝设郡县，车同轨，书同文，废井田，辟驰道，统一度量衡；在经济方面秦朝重农抑商，土地买卖合法化，盐铁由政府控制。

秦始皇的好大喜功在建筑上表现得十分显著。秦都咸阳，是现知始建

★孔子肖像图

于战国的最大城市。它北依毕塬，南临渭水，咸阳宫东西横贯全城，连成一片，居高临下，气势雄伟。解放后在接近宫殿区中心部位发掘出了咸阳宫"一号宫殿"遗址。遗址东西长60米，南北宽45米，高出地面约6米，它利用土塬为基加高夯筑成台，形成二元式的阙形宫殿建筑。它台顶建楼两层，其下各层建围廊和敞厅，使全台外观如同三层，非常壮观。上层正中为主体建筑，周围及下层分别为卧室、过厅、浴室等。下层有回廊，廊下以砖漫地，檐下有卵石散水。室内墙壁皆绘壁画，壁画内容有人物、动物、车马、植物、建筑、神怪和各种边饰。色彩有黑、赫、大红、朱红、石青、石绿等。

★ 阿房宫图

秦始皇统一天下后，以咸阳宫翼阙为核心而扩大，还仿建六国宫殿，"每破诸侯，写放其宫室，作之咸阳北阪上，南临渭，自雍门以东至泾渭，殿屋复道，周阁相属"。穷奢极欲的秦始皇，对如此规模的宫室还不满足。在他即位的第35年就命工匠在咸阳宫旁边的上林苑建了一个"复压三百余里，隔离天日"的庞大

古代建筑

宫殿——阿房宫。阿房宫"前殿东西五百步，南北五十丈，上可以坐万人，下可以建五丈旗。周驰为阁道，自殿下直抵南山，表南山之颠以为阙。"规模如此巨大的阿房宫，直到秦始皇死时都未建好，由秦二世继续营建。然而公元前206年，项羽引兵西屠咸阳，烧秦宫室，项羽的一把火，把一个精美绝伦的阿房宫烧了个精光。

秦始皇为了安排身后的归宿，还大肆修筑陵墓。他为自己精心策划的坟墓——骊山陵，自他13岁即位起便开始修筑，被征召修筑骊山陵园的民夫最多时达70多万人，陵墓主要材料都运自四川、湖北等地，但直到公元前210年他病死时尚未修完，由秦二世又接着修了两年才勉强竣工，前后历时39年。始皇陵在临潼县东5公里，背靠骊山，脚蹬渭河，左

★陕西西安骊山烽火台

有戏水，右有灞河，南产美玉，北出黄金，乃风水宝地。陵园呈东西走向，面积近8平方公里，有内城和外城两重，围墙大门朝东。墓冢位于内城南半部，呈覆斗形，现高76米，底基为方形。据推测，秦始皇的陵寝应在陵墓的后面，即西侧。

★秦始皇陵兵马俑

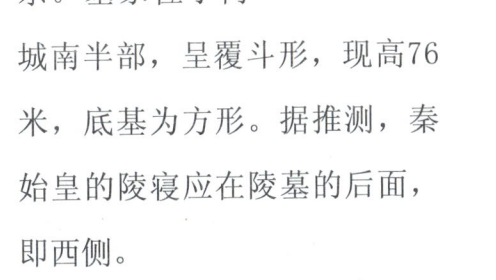

据《史记·秦始皇本纪》记载：墓室一直挖到很深的泉水后，用铜烧铸加固，放上棺椁。墓内修建有宫殿楼阁，里面放满了珍奇异宝。墓内还安装有带有弓矢的弩机，若有人开掘盗墓，触及机关，将会成为后来的殉葬者。墓顶有夜明珠镶成的天文星象，墓室有象征江河大海的水银湖，具有山水九州的地理形势。还有用人鱼膏做成的灯烛，欲求长久不息。安葬完毕后，秦二世下令将宫内无子女的宫女和修建陵墓的工匠全部埋入墓中殉葬。在陵墓东面还发现了举世闻名的大型兵马陶俑坑，内有武士俑约7000个、驷马战车100多辆、战马100余匹，以及数千件各式兵器，被誉为"世界第八

古代建筑

大奇迹"。

另外，秦朝还在建筑上修建了一些举世闻名的防御及交通工程。秦代彪炳武功之最好见证，莫过于万里长城。长城原是战国时期燕、赵、秦诸国加强边防的产物。当时，居于中国北部大沙漠的匈奴时时南侵，为了对付这种侵扰，北方各国便各自筑城防御。秦时始皇帝派大将蒙恬率30万大军北伐匈奴，又将原来燕、赵、秦三国所建的城墙连接起来，加以补筑和修整。补筑的部分超过原来三国长城的总和，西起临洮（今甘肃岷县），东至辽东，延袤万余里，是古代世界上最伟大的工程之一。

★ 万里长城

★兴安灵渠风景

秦代防御及交通建设还包括修驰道、筑沟渠。秦时的驰道东起山东半岛，西至甘肃临洮，北抵辽东，南达湖北一带，主要线路宽达五十步，道旁植树，工程十分浩大，是古代筑路史上的杰出成就，加上其他水陆通道，形成了全国规模的交通网。另外疏浚鸿沟（河南汴河）作为水路枢纽，通济、汝、淮、泗诸水。又于公元前214年，令史禄监修长达60多里的灵渠，沟通了湘、漓二水。总之，大秦时代，伟大的古建筑如同秦始皇般，均身具一种开天辟地的初始的霸王之气质，建筑规模恢宏、博大、精深。

两汉王朝时期的建筑

暴虐的秦王朝被推翻了，取而代之的是由汉高祖刘邦所创立的汉朝。经过西汉初年的休养生息，中国自此进入了一个相对长的繁荣时期。因为国家统一，社会安定，此时科技文化得到迅速发展，《周髀算经》、《九章算术》的编著，造纸术、地动仪的发明，以及天文、历法、医学等一系列的成就，奠定了当时中国在世界上的领先地位。汉朝疆域也是扩张到空前的辽阔，势力甚至伸展至中亚；汉朝与周围许多国家有着广泛的交往，通过丝绸之路从西域引进了乐器、舞蹈、杂技、雕刻、佛教、良马和农作物，而汉朝的丝绸、漆器、铸铁术、凿井术、农业灌溉技术也传到了西域。汉朝的空前的强盛，使中国人几乎和汉人划上了等号，从此"汉字""汉族"的称谓就沿用至今，现今人们常以"汉唐盛世"并称。

两汉时期可谓中国建筑的青年时期，建筑事业极为活跃，建筑组合和结构处理上日臻完善，直接影响了中国两千年来民族建筑的发展。由于年

代久远，至今没有发现一座汉代木构建筑。但这时期建筑的资料却非常丰富，汉代屋墓的外廊或是庙堂、外门、墓内庞大的石往、斗拱，都是对木构建筑局部的真实模拟，寺庙和陵墓前的石阙都是忠实于木构建筑外形雕刻的，它们表示出木结构的一些构造细节。大量的汉代画像砖，画像石和明器（即冥器），对真实建筑的形象、室内布置，以及建筑组群布局等方面都作出形象具体的补充。

★ 汉代画像石"蹶张"武士拓片

汉代城市建设以汉长安城为代表。汉长安城遗址位于西安龙首塬北坡的渭河南岸汉城乡一带，是中国古代最负盛名的都城，也是当时世界上最宏大、繁华的国际性大都市。公元前202年，高祖刘邦在秦兴乐宫的基础上营建长乐宫，揭开了长安城建设的序幕。公元前199年，丞相萧何提出"非壮丽无以重威"，营建未央宫。惠帝三年、五年，筑长安城墙，六年建西市。武帝元朔五年，在城南安门外建太学。元鼎二年修柏梁台。太初元年，在城西上林苑修建章宫，其东修凤阙；其北开凿太液地，中有蓬

古代建筑

莱、方丈、流洲、壶梁，并建神明台、井于楼。太初四年又在长乐宫北建明光宫。至此，西汉长安城规模初定。王莽篡位后下令拆除汉上林苑中建章、承光、包阳、大台、储元宫等10余处建筑，将所得材料在城南营建新朝九庙。

汉长安城三大宫之一的长乐宫位于城东南，面积5平方公里，占汉长安城面积的1/6，宫内共有前殿、宣德殿等14座宫殿台阁。未央宫位于城西南，始终是汉代的政治中心，史称西宫，其周长9公里，面积5平方公里，宫内共有40多个宫殿台阁，十分壮丽雄伟。建章宫是一组宫殿群，周围10余公里，号称"千门万户"。汉长安城以其宏大的规模、整齐的

★ 汉长安城内长乐宫西北部发掘出的一座建筑遗址

布局而载入都城发展的史册。东汉初期，光武帝刘秀定都洛阳以后，在周代成周城的基础上修筑扩建起一座更大规模的都城，自此这座城市作为东汉、曹魏、西晋、北魏时期全国的政治、经济和文化中心长达330多年之久，史称"汉魏洛阳故城"。

西汉末叶，台榭建筑渐次减少，楼阁建筑开始兴起。战国以来，大规模营建台榭宫殿促进了结构技术的发展，有迹象表明已逐渐应用横架。长时期建造阁道、飞阁，促进了井干和斗拱构造的发展，在许多石阙雕刻上已看到一种层层叠垒的井干或斗拱结构形式。从许多壁画、画像石上描绘的礼仪或宴饮图中，可以看到当时殿堂室内高度较小，不用门窗，只在柱间悬挂帷幔。当时宫殿多为台榭形制，故须以阁道相连属，甚至城内外也以飞阁相往来。

木构楼阁的出现可谓中国木结构建筑体系成熟的标志之一。东汉中后期的墓中，炫耀地主庄园经济以及依附农民、奴婢的成套模型和画像砖、陶制楼阁和城堡、车、船模型大量出土，具有明显的时代特征。明器中常有高达三四层的方形阁楼，每层用斗拱承托腰檐，其上置平坐，将楼划分为数层，此种在屋檐上加栏杆的方法，战国铜器中已见，汉代运用在木结构上，满足遮阳、避雨和凭栏眺望的要求。各层栏檐和平坐有节奏地挑出和收进，使外观稳定又有变化，并产生虚实明暗的对比，创造中

古代建筑

国阁楼的特殊风格，南北朝盛极一时的木塔就是以此为基础。

另外，两汉建筑中出现了"阙"。阙是我国古代在城门、宫殿、祠庙、陵墓前用以记官爵、功绩的建筑物，用木或石雕砌而成。一般是两旁各一，称"双阙"；也有在一大阙旁再建一小阙的，称"子母阙"。城阙还可以登临瞭望。现存的汉阙都为墓阙。高颐阙位于四川省雅安市城东汉碑村，是我国现存30座汉代石阙中较为完整的一座。高颐阙由红色硬质长石英砂岩石堆砌而成，为有子阙的重檐四阿式仿木结构建筑，其中上下檐之间相距十分紧密。阙顶部为瓦当状，脊正中雕刻一只展翅欲飞、口含绶带的雄鹰；阙身置于石基之上，表面刻有柱子和额枋，柱上置有两层斗拱，支撑着檐壁。檐壁上刻着人物车马、飞禽走兽。高颐阙造型雄伟，轮廓曲折变化，古朴浑厚，雕刻精湛，充分表现了汉代建筑的端庄秀美。

这里，我们不得不提一提汉代的明堂辟雍。"明堂辟雍"是中国古代最高等级的皇家礼制建筑之一。明堂是古代帝王颁布政令，接受朝觐

★ 高颐阙

和祭祀天地诸神以及祖先的场所。辟雍即明堂外面环绕的圆形水沟，环水为雍（意为圆满无缺），圆形像辟（辟即璧，皇帝专用的玉制礼器），象征王道教化圆满不绝。西汉元始四年建造的明堂辟雍，位于长安南门外大道东侧，符合周礼明堂位于"国之阳"的规定。明堂方位正南北，有方形围墙，墙正中辟阙门各3间，墙内四隅各有曲尺形配房1座。围墙外绕圆形水沟，就是所谓的辟雍。四阙门轴线正中为明堂，建在一个圆形夯土基上面。根据遗址结构和一些间接资料，可以推测出它原是一个十字轴线对称的3层台榭式建筑。上层有5室，呈井字形构图；中层每面3室，是为明堂（南）、玄堂（北）、青阳（东）、总章（西）四"堂"；底层是附属用房，明堂"上圆下方"。明堂的尺度，每面约合28步（每步6尺，每汉尺0.23米）。

汉代建筑组群多为廊院试布局，常以门、回廊衬托最后主体建筑的庄严重要，或以低小的次要房屋，纵横参差的屋顶，以及门窗上的雨塔，衬托中央主要部分，使整个组群呈现有主有从，富于变化的轮廓。比如，汉代地主宅院画像石中可见当时的小庭深院，进深二重，另有回廊和别的院子分开。前院堂屋外有伎人表演，后院廊下有人抚琴，表现了一般地主的家庭娱乐活动。东汉后期，阶级矛盾十分严重，封建主和农民的武装冲突不断，因此他们建起有高墙深院的庄园，有的还配有类似的

古代建筑

望楼。

最后，汉代的建筑艺术还体现在汉代园林与陵墓两方面。汉武帝扩建了秦始皇的上林苑，"园三百里，离宫七十余所，尽收石花异卉，珍禽奇兽。汉袁广汉於北邙山下筑园，东西四里，南北五里，激流水注其内，建筑壮丽，开私人园林未有之先例"。又，汉甘泉园"周可五百四十里，宫殿台阁百余所，凿昆明坤灵"。汉陵基本上和秦陵差不多，也是人工筑起的巨大四棱锥形坟丘。坟丘上建寝殿供祭祀，周以城垣，驻兵，设苑囿，迁富豪成陵邑，多半死前筑陵，厚葬，并以陶俑殉。东汉时废陵邑，但坟前立碑、神道、墓阙、墓表、使纪念性增强。墓结构技术亦大有进步，防水防雾，且出现空心砖墓，砖穹窿，取代了木椁墓。墓的平面布局受住宅建筑影响而渐趋复杂。

总之，汉代是中国古代建筑的第一个高峰。此时高台建筑减少，多屋楼阁大量增加，庭院式的布局已基本定型，并和当时的政治、经济、宗法、礼制等制度密切结合，中国建筑体系已大致形成。此时的建筑已具有庑殿、歇山、悬山和攒尖四种屋顶形式。庑殿正脊短，屋面、屋脊和檐口平直，屋顶正脊中央常饰有凤凰。这些便形成了汉代建筑古朴简洁，但又不乏朝气的形象。汉代歇山顶不多见，当时的歇山形状是由中央悬山顶和四周单庇顶组合而成的，并且檐口微微起翘。

中外文化艺术大讲堂

★ 东汉壁画——《乐舞百戏图》

通过大量东汉壁画、画像石、陶屋、石祠等可知,当时北方及四川等地建筑多用台梁式构架,间或用承重的土墙;南方则用穿斗架,斗拱已成为大型建筑挑檐常用的构件。中国古代木构架建筑中常用的抬梁、穿斗、井干三种基本构架形式此时已经成型。斗拱在汉代得到了极大的发展,它的种类十分之多,可谓达到了千奇百怪的程度。在各种阙、墓葬及画像砖中我们都可以见到它的形象。后世中成熟的斗拱,便是从中脱颖而出的。

汉代的栏杆有卧棂栏杆,

古代建筑

斗子蜀柱栏杆，柱础的础质难辨，式样简单；台基用砖或砖石混和的方法砌成；门为版门、还有石木门；窗的纹样有直棂窗、斜格窗和锁纹窗，还有天窗；天花有覆斗形天花和斗四天花；柱有圆柱、八角柱、方柱和等，有的柱身表面刻竹纹或凹凸槽。方柱柱身肥而短，有收分，上置栌斗；方形双柱指房屋转角常每面用方柱一个，各承受一方面的梁架，这种做法后代逐渐减少。

砖的发明是建筑史上的重要成就之一。至迟在秦代已有承重用砖，秦始皇陵东侧的俑坑中有砖墙，砖质坚硬。汉代建筑已广泛使用砖，西汉中后期至东汉砖石拱券结构日益发达，用于墓室、下水道，除并列纵联的砖砌筒壳外，还有穹窿顶和双曲扁壳。秦咸阳秦宫殿遗址发现有大量瓦当、花砖、石雕和青铜构件。但在秦的建筑遗址内使用石构件均不多，加工精度也不高，说明青铜工具加工石材不易。西汉前中期，砖石拱壳才出现，初步具备造砖石房屋的技术条件。

汉代家具上的纹饰开始复杂化，纹样畅达而不失古劲雄健，植物藤蔓纹样亦已出现。席地而坐的汉代，床和榻都比较低矮。一切活动，如读书、待客、宴饮、议事等，都在床、榻上进行。汉代的案已渐宽渐长，且有方有圆，另外汉代出现有布满室内的大床，床上置几、柜和箱，屏风上也添有架子，可挂器物，门窗上设帘或帷幕。

魏晋南北朝时期的建筑

魏晋南北朝时期，为我国历史上自春秋战国、三国后的又一个大分裂的时代，也使我国出现了第一次民族大融合。此时专制王权衰退，士族势力扩张，特权世袭，形成门阀政治。这一时期，汉族和少数民族、少数民族和少数民族、汉族劳动人民和汉族的封建统治者为了利益相互争斗，无休止的战争使广大劳动人民的生活十分痛苦。在这种动荡的环境下，劳动人民生活没有保障，只有在佛教中寻找安慰；各族的统治者们今天可能是皇帝，明天就会沦为俘虏。于是，此时的人们开始普遍地在佛教中求得寄托。

正如古诗中写到的"南朝四百八十寺，多少楼台烟雨中"，佛道大盛，统治阶级大量兴建寺、塔、石窟，寺院经济强大，产生巨多的佛教艺术作品。总之，魏晋南北朝时期是一个建筑技艺大发展的时期。在建筑装饰方面，在继承前代的基础上，在工艺表现上，吸收了佛教式建筑艺术的种种生动雕刻技艺，出现的饰纹、花草、鸟兽、人物的风

格，均呈现出鲜明的佛教艺术特点，丰富了中华建筑的形象。

魏晋南北朝时期的城市建设，最富有代表性的是北魏洛阳城、南朝建康城。此时期单体建筑的建筑艺术及技术在原有的基础上进一步发展，楼阁式建筑相当普遍，平面多为方形。斗拱方面，额上施一斗三升拱，拱端有卷杀，柱头补间铺作人字拱，其中人字拱的形象也由起初的生硬平直发展到后来优美的曲脚人字拱。屋顶方面，东晋壁画中出现了屋角起翘的新样式，且有了举折，使体量巨大的屋顶显得轻盈活泼。由于纵向庭园过多造成纵向交通不便，故以道路或小广场将纵向庭院划成两组以上。敦煌壁画中的北魏建筑形象：重楼高耸，屋顶曲线和鸱尾尚显幼稚。南北朝绘画《洛神赋图》中的楼船，反映出当时建筑的真实特征，是弥足珍贵的资料。

南北朝时，盛行"舍宅为寺"的功德活动，许多王侯贵族宅地改建为佛寺。一些新建的大寺院仍采取塔为中心，四周由堂、阁围成方形庭院的布局。这一时期改建时一般不大

★ 南北朝时期《洛神赋图》

中外文化艺术大讲堂

★ 云冈石窟

改动原布局，而以原前厅为佛殿，后堂为讲堂，原有的廊庑环绕，有的还保留了原来的花园。此种风格布局更属通用式的，成为以后汉化佛寺建筑的主流。

南北朝时期的佛教建筑现无一存留。作为实物存留的则有石窟寺（以云冈石窟和敦煌早期石窟为代表）和日本的一些建筑。中国最早凿建的石窟寺在新疆地区，始于东汉，受南亚次大陆风格影响。十六国和南北朝时，经由甘肃河西走廊一带传到中原，并向南方发展。中原地区早期石窟的建

古代建筑

筑，沿袭南亚次大陆于窟内立塔柱为中心的作法，并明显受到汉化建筑庭院布局影响。如，四世纪末建成的云冈第六窟，窟室方形，中心立塔柱，四壁环以有浮雕的廊院，北面正中雕殿形壁龛，即是一例。

昙曜五窟现编号第16～20窟，是由昙曜和尚主持开凿的第一期窟洞，其石窟以道武、明元、太武、景穆、文成五帝为楷模，雕刻5尊大像，规模宏大，气魄雄伟。形制上共同特点是外壁满雕千佛，大体上都摹拟椭圆形的草庐形成，无后室。造像主要是三世佛（过去、未来、现在），主佛形体高大，占窟内主要位置。第16窟本尊释迦立像高13.5米，面相清秀，英俊潇洒。第17窟正中为菩萨装的交脚弥勒坐像，高15.6米，窟小像大，咄咄逼人。第18窟本尊为身披千佛袈裟的释迦立像，高15.5米，气势磅礴；东壁上层的众弟子造像造型奇特，技法娴熟。第19窟本尊为释迦坐像，高16.8米，为云冈石窟的代表作，结跏趺坐，面部半圆，深目高鼻，眼大唇薄，大耳垂肩，造型雄伟。

魏晋南北朝时期的古建筑中，塔是佛教建筑的一个代表种类，十分众多。"塔"是梵文的音译，意为"高显处"或"高坟"，原是印度的一种纪念性坟墓的通称。它的造型简单一致：覆钵形，上立长柱形标志"刹"。印度式的塔，是由台基、覆钵、宝相轮等几部分组成的实心建筑。它随佛教入中原时，汉族本土的木结

中外文化艺术大讲堂

构建筑体系已经形成，积累了丰富的工程技术和艺术经验，建造过迎候仙人和备远望的重楼。早期的佛教又被视为一种神仙方术，所以，匠人在设计塔时就以本民族常见的重楼为蓝本，建成楼阁式的木结构塔。此后陆续又有许多新的塔型传入，如宝箧印经塔型、覆钵塔型、金刚宝座塔型、花塔等。塔的各个部分也逐渐规格化，一般由地宫、塔基、塔身、塔顶和塔刹组成。特别在塔刹部分，变化地吸收了原南亚次大陆塔的形制。中国早期的高塔多为空心，可以登临。这一点与南亚次大陆原型大不相同，这点是中国人的创造。

历史记载中的最大木塔是北魏时建造的洛阳永宁寺塔，高1000尺，百里以外便能望

★河南洛阳的北魏永宁寺九层木塔复原图

见。可惜这座塔建成不久便被焚毁了。由于木塔易遭火焚，不易保存，后发展出仿木结构砖塔，并在楼阁式基础上发展出密檐式，还有小型单层的亭阁式。自此以后，砖塔逐渐增

31

古代建筑

加，木塔逐渐减少。到10世纪以后，新建的木塔已极为稀有了。我国此时期的木塔已一无所存，唯在日本法隆寺有五重木塔一座和我国云冈石窟内的方形塔柱可为例证。

法隆寺位于日本奈良市，寺内五重木塔平面呈方形，高31.9米，塔刹部分约占总高1/3弱。塔内部无楼层，不能登临。塔第1层檐下也有后加的裳阶，2层以上檐下都有装饰性栏杆。塔中心有一根贯通全塔的中心柱，承托刹上的相轮、宝珠等部件，塔身重量则由外檐柱和4个天柱承担。中心柱下有埋置舍利的孔穴。中门进深3间，面阔4间，入口处有中柱和左右2门。这种做法为中国汉以前的宫室、祠庙和墓室所普遍应用。

★河南嵩山嵩岳寺十二角十五层密檐式砖塔

我国现存最古的塔是公元520年建的河南嵩山嵩岳寺十二角十五层密檐式砖塔。此塔造型特殊，砖建密檐式，平面正十二角形，佛塔中仅见此一座，塔身有用莲瓣作柱头（希腊风格）和柱基的八角柱，有

用狮子作主题的佛龛（波斯风格），有火焰形的券间（印度风格），形式十分优美。它的艺术处理虽十分成功，但却不是南北朝时期的代表塔型。

魏晋以来，士大夫标榜旷达风流，园林多崇尚自然野致，此时贵族舍宅为寺之风盛，佛寺中亦多名园。北魏末期贵族们的住宅后部往往建有园林，园林中有土山、钓台、曲沼、飞梁、重阁等，叠石造山的技术亦已提高。吴魏明帝"起景阳山于方林园中，重严复岭，深溪洞壑，高山巨树，悬葛垂罗，崎岖石路，涧道盘纡，景色自然。于今，陵台城北隅，台城外，并种橘树，奇宫墙内则种石榴，其殿廷及三台，三省，悉劣植柳树，其宫南夹路，出朱雀门，悉种垂柳与槐"。魏晋因政治动荡，佛道盛行，厚葬之风渐衰，皇陵规模均小，南朝诸陵不起坟，不封土，不植树，亦无台阙，墓饰则精美富变化，砖石结构更行普遍。

魏晋时期的胡汉交流使得国人的起居习惯发生变化，胡床渐渐普及，椅子和凳子传入民间，传统的卧床增高，且附床顶、矮屏及屏风也发展出多摺多牒式。南北朝时印度、西亚纹样随同佛教艺术传入，线条流畅，活跃飞动，莲花、卷草纹和火焰纹的用运用最为广泛。总之，魏晋南北朝建筑艺术及技术的进一步发展，楼阁式建筑相当普遍，平面多为方形。斗拱有卷杀、重叠、跳出，人字拱大量使用，有人字拱和一斗三升组合的结构，后

古代建筑

期出现曲脚人字拱；令拱替木承转，栌斗承栏额，额上施一斗三升柱头人字补间铺作，还有两卷瓣拱头；栏杆是直棂和勾片栏杆兼用；柱础覆盆高，莲瓣狭长；台基有砖铺散水和须弥座；门窗多用版门和直棂窗，天花常用人字坡，也有覆斗形天花；屋顶愈发多样，尾脊已有生起曲线，屋角也已有起翘；梁枋方面有使用人字叉手的和蜀柱现象，栌斗上承梁尖，或栌斗上承栏额，额上承梁；柱有直柱和八角柱等，八角柱和方柱多具收分。

中外文化艺术大讲堂

隋唐五代时期的建筑

　　隋代结束了自西晋末年以来近三百年的分裂局面。隋文帝后期与隋炀帝前期，国家富足强盛，社会空前繁荣。唐代的各种法制法令、行政机构设置、军队编制等无一不承隋制，就连辉煌的唐长安城，也是承继了隋代的大兴城。隋代开挖的大运河南起杭州，北迄北京，跨长江黄河，长约2500公里，成为中国南北交通大动脉，大大地促进了南方经济的发展，加强了南北交流，唐代的繁荣，在很大程度上有赖于这条大运河。

　　隋代建筑可以说是南北朝建筑向唐代建筑的转变的一个过渡，它的斗拱还比较简单，

★京杭大运河

古代建筑

★ 赵州桥

鸱尾形象较唐代建筑清瘦，但建筑的整体形象已变得饱满起来。赵州安济桥（赵州桥）位于河北赵县洨河上，由隋朝李春设计建造，比欧洲兴建同类的桥早了700多年。千百年来，安济桥虽饱经风霜，但至今仍十分坚固，在桥梁建筑史上有重要意义。赵州桥长50.8米，宽9.6米，桥在大拱的拱肩上各建造了两个小拱，显得空灵秀丽，远远望去如"初月出云，长虹饮涧"。安济桥两边的栏板和望柱上，雕刻着各种蛟龙、兽面、竹节和花饰等，刀法苍劲有力，风格豪放新颖，

其中栏板浮雕的龙最为精彩，充分体现了封建社会上升时期蓬勃的生命力。

　　唐文化博大精深，全面辉煌，泽被东西，独领风骚。唐都长安，那时是世界上最为繁华、最为富庶和文明的城市。当时有位从西方来华学习的梵僧写诗道："愿身长在中华国，生生得见五台山"。世界学者们公认的"中华文化圈"其总体格局，也是在隋唐时期完成的。唐文化对东亚各国，尤其是对日本的影响更为突出，例如今天在日本被尊为"正统"的"和样"建筑，即是唐代风格。

　　唐代的建筑发展到了一个成熟的时期，形成了一个完整的建筑体系。它规模宏大，气势磅礴，形体俊美，庄重大方，整齐而不呆板，华美而不纤巧，舒展而不张扬，古朴却富有活力。唐代的城市建筑以唐长安城为代表。长安城在隋大兴城的基础上建成，面积83平方公里，是今西安市区（明西安城）的8倍。长安城中"百千家似围棋局，十二街如种菜畦"，宫苑相连，街坊纵横，规整方正，布局合理，是当时全国政治、经济、文化中心。

　　唐长安城由外郭城、宫城、皇城和各坊、市等组成。宫城和皇城在外郭城北部的中间，宫城在北，皇城在南。东西两市分别在皇城的东南和南方。城墙厚度一般为12米左右。在城门处的墙面原砌有砖壁，城墙有壕沟环绕一周。宫城周长8.6公里多，其中部为太

古代建筑

★唐长安城

极宫、太极殿，是皇帝为理国务的正衙所在。皇城东西宽与宫城相等，周长为9.2公里。其南沿正中为朱雀门，向南为朱雀大街，是整个长安城的中轴线。皇城是中央各个衙署的所在地。长安内城有南北向大街11条东西向大街14条，街面宽阔，其中最大的朱雀大街宽达150至155米，颇为壮观。城内共划成110个坊，布局十分规整。街道两边树木成行，城内还有四条渠道流经，供应用水。长安城除了宫内的皇家囿苑，还有著名的风景区曲江池，为这个繁华、喧闹的大唐

帝国的首都，平添了几分秀色。

近些年来，考古研究者在对城址进行了探测之后，发掘了大明宫、兴庆宫和青龙寺、西明寺等几处重要遗址。大明宫在长安城禁苑中，位于城东北部的龙首原。此宫建于贞观八年（公元634年），原名永安宫，龙朔二年（公元662年），高宗命令扩建，第二年即迁入大明宫听政。乾宁三年（公元896年）此宫毁于兵火。大明宫周长7.6多公里；宫城共11个城门，其东、西、北三面都有夹城；南部有三道宫墙护卫，墙外的丹凤门大街宽达176米，是唐代最为宏伟的宫殿建筑群。大明宫内有含元殿、麟德殿、三清殿等。

★唐长安城大明宫丹凤门遗址

古代建筑

含元殿是大明宫的正殿，殿基高于坡下15米，面阔11间，进深4间，殿外四周有宽约5米的"玉阶"三级，殿前有长达70余米的龙尾道至殿阶。殿前方左右分峙翔鸾、栖凤二阁，殿阁之间有回廊相连，成"凹"形，是周汉以来"阙"制的发展，且影响了历代宫阙直至明紫禁城的午门。含元殿在"凹"形平面上组合大殿高阁，相互呼应，轮廓起伏，体量巨大，气势伟丽，开朗而辉煌，极富精神震慑力。古时有人形容它的气魄"如日之生"、"如在霄汉"，为大唐建筑的杰出代表。含元殿662年开始营建，翌年建成，是举行国家仪式、大典之处，886年毁于战火。

麟德殿在大明宫太液池西的一座高地上，是皇帝宴饮群臣的地方，也是大明宫内另一组伟大的建筑。它的遗址已被发掘，底层面积合计约达5000平方米，由四座殿堂（其中两座是楼）前后紧密串连而成，是中国最大的殿堂。在主体建筑左右各有一座方形和矩形高台，台上有体量较小的建筑，各以弧形飞桥与大殿上层相通。据推测，在全组建筑四周可能有廊庑围成庭院。麟德殿以数座殿堂高低错落地结合到一起，以东西的较小建筑衬托出主体建筑，使整体形象更为壮丽、丰富。

除了大明宫外，唐长安的西内太极宫为朝会大宫，以凹字形平面的宫阙为正门（承天门），内有太极殿，两仪殿两重殿庭，即唐代的大朝、常朝

和日朝，相当于周制的天子三朝。两仪殿以后还有甘露殿院庭。中轴线左右各有对称布置的一串院庭，安置宫内衙署，形成一片井然有序的大面积组群。此外，宫内还有其他殿亭馆阁共36所。太极宫东连东宫，西连掖庭宫，分居太子和后妃。

隋唐五代时期，佛寺建筑有新发展。但经过唐武宗和周世宗两次"灭法"和后代的毁损，除个别殿堂如五台南禅寺大殿、佛光寺大殿等外，没有成组群的完整寺院存留。这一时期的佛寺建筑是在通用型即中国宫室型的基础上定型，并有所发展的。

隋唐五代时期佛寺建筑的特点主要有：

（1）主体建筑居中，有明显的纵中轴线。由三门（象征"三解脱"，亦称山门）开始，纵列几重殿阁。中间以回廊联成几进院落。

（2）在主体建筑两侧，仿宫廷第宅廊院式布局，排列若干小院落，各有特殊用途，如净土院、经院、库院等。如长安章敬寺有四十八院、五台山大华严寺有十五院。各院间亦由回廊联结。主体与附属建筑的回廊常绘壁画，成为画廊。

（3）塔的位置由全寺中心逐渐变为独立。大殿前则常用点缀式的左右并立，不太大的常为实心的双塔，或于殿前、殿后、中轴线外置塔院。僧人墓塔常于寺外，另立塔林。这些都与当时佛教界渐趋教理经义的研究，而不重视拜

古代建筑

塔与绕塔经行有关。另外，石窟寺窟檐大量出现，且由石质仿木转向真正的木结构。供大佛的穹窿顶，以及覆斗式顶，背屏式安置等大量出现，表现了中国石窟更加民族化的过程。

（4）隋唐五代时期寺院，其俗讲、说因缘，带有民俗文化娱乐性质，佛寺中出现戏场，更加具有公共文化性质。与此同时，寺院经济大发展，生活区扩展，不但有供僧徒生活的僧舍、斋堂、库、厨等，有的大型佛寺还有磨坊、菜园。许多佛寺出租房屋供俗人居住，带有客馆性质。

在敦煌石窟中保存的大量唐代佛教寺院壁画多是反映西方极乐净土辉煌、欢快的景象。这些壁画已显示出大唐佛

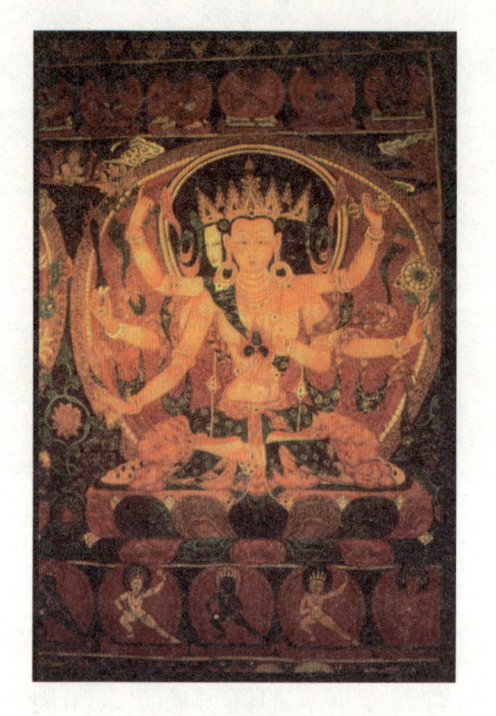

★ 敦煌壁画

寺的组群布置已经达到了很高的水平。整体形象宏大开朗，单体形式多姿多彩，用色丰富但不俗艳，使人沐浴在佛光之下。这种格调欢乐而华丽的佛寺，无处不洋溢着唐人对现实、人生的积极肯定和健康向上的精神。然而，壁画中瑰丽的唐代寺院在华夏大地上没有

任何遗存。日本现存的平等院凤凰堂，建于1051年（日本平安时代），其形制尚保留敦煌壁画中唐佛寺之韵味。凤凰堂设计构思仿造极乐世界的净土，形式和色彩力求辉煌欢快。其平面摹似凤凰飞翔之状因之得名。正殿为凤身，左右廊为凤翅，后廊是凤尾，平面富于变化和动感。正殿屋顶为重檐歇山顶，两翼檐下加装饰性平坐，转角部分升高作攒尖顶。正殿屋顶正脊两端各置一铜凤，门上和檐下缀各种铜饰，殿内有精美的绘画和雕刻，还用金箔、珠玉、金属透雕等多种工艺手段作装饰。可喜的是，几年前我国香港兴

★ 日本平等院凤凰堂

古代建筑

建了一座仿唐佛寺"志莲净苑",其设计取自莫高窟172窟北壁"观无量寿经变"中的佛寺格局,使得唐式寺院在1000多年后终于重现神州!

唐代佛教建筑至今著名的有唐长安大兴善寺、陕西法门寺。唐殿堂建筑,单体内质外美,非常强调整体的和谐与真实,造型浑厚质朴,多采用凹曲屋面,屋角起翘十分柔和大度,重视本色美,气度恢宏从容,内部空间组合变化适度,可以"雄浑壮丽"四字来概括,具有可贵的独创精神,堪称中国建筑艺术的发展高峰。南禅寺大殿是我国现存最早的木结构建筑,位于五台县东冶镇李家庄旁。该寺创建于唐德宗建中三年(公元782年),主殿面阔进深各三间,平面近正方形,单檐歇山顶,屋顶鸱尾秀拔,举折平缓,出檐深远,明间装板门,次间装直棂窗,转角处额不出头,阑额上不施普拍枋,斗栱为五铺作双抄单拱偷心造,用材颇大,唐代作风明显。此殿体量虽小,但让人感到内力深蕴;好似一名昂首挺立的战士,蓄势待发,充满自信与力量。

★陕西法门寺

★佛光寺祖师塔

佛光寺创建于北魏孝文帝时（公元471—499年）。隋唐时期，佛光寺寺名屡见于各种传记，按五代时记载，寺内曾有三层七间高九丈五尺的弥勒大阁，依地势推测，阁可能建于现在的第二层平台上，为全寺主体，当时与东大殿并存，极为兴盛。从寺内遗迹看，宋、金、元、明、清各代也都有修建。现存寺内的唐代木构、泥塑、壁画、墨迹，寺内外的魏（或齐）唐墓塔、石雕交相辉映，是我国历史文物中的瑰宝。东大殿是该寺的主殿，位于最上一层院落，在所有建筑中位置最高，大有俯瞰全寺，压倒一切的气派。

佛光寺东大殿面阔七间，进深四间，单檐庑殿顶，总面积677平方米。正殿外表朴素，柱、额、斗拱、门窗、墙壁，全用土红涂刷，未施彩绘。佛殿正面中五间装板门，两尽间则装直棂窗。大殿出檐深远，殿顶用板瓦铺设，脊瓦条垒砌，正脊两端，饰以琉璃鸱吻。二吻虽为元代补配，但高大雄健，仍沿用唐代形制。檐柱头微侧向内，角柱增高，因而侧脚和生起都很显著。殿

古代建筑

的平面由檐柱一周及内柱一周合成，分为内外两槽。外槽檐柱与内柱当中，深一间，好象一圈回廊；内槽深两间广五间的面积内别无立柱，内槽大梁（即四椽栿），是前内柱间的联络材。殿的梁架，分为明栿和草栿两大类，明栿在天花板以下，草栿不用斧斤加工，在天花板以上。天花板都作极小的方格，与日本天平时代（相当我国唐中叶）的遗构相同，这也是大殿为唐建的例证。平梁上面用大叉手而不用侏儒柱，两叉手相交的顶点与令拱相交，令拱承托替木与脊槫，是唐时期建筑固有之规定。柱头卷杀作覆盆样，前檐诸柱的基础上均有覆盆，以宝装莲花为装饰，每瓣中间起脊，脊两侧突起椭圆形泡，瓣尖卷起作如意头，为唐代最通常的作风。总之，东大殿的表现了结构与艺术的高度统一，具有我国唐代木构建筑的明显特点，为仿唐建筑的范例。

日本奈良唐招提寺是著名的鉴真大和尚（公元688—763年）东渡日本后，759年圣武

★日本奈良唐招提寺

天皇为其敕建。现存金堂是鉴真去世后弟子如宝建立的,它气势雄伟,仍保存盛唐风貌,即日本天平时代的建筑特点,和稍晚的中国佛光寺大殿非常相似:同为面阔七间,进深四间,单檐庑殿顶,只是其占去一间做前廊,故室内空间显得局促;此外,其屋顶为近代改建,比原有的唐式屋顶陡峻;它的斗拱结构、墙壁处理及其他也与佛光寺东大殿有所不同。1963年,为纪念鉴真大师圆寂1200周年,著名建筑学家梁思成在扬州大明寺仿照唐招提寺金堂设计建造了鉴真纪念堂。纪念堂面阔五间,进深三间,梭形立柱,柱头施斗拱,单檐庑殿顶,正脊两端饰以鸱尾。堂内有方井仿唐彩绘天花,正中供鉴真大师像。

　　唐塔大部分为楼阁式,可登临,典型平面均为方形。大型塔现存数十座,均为砖建。唐沿袭了南北朝造大像的风气,密宗传入后,又多供菩萨大像,故多层楼阁式中置通贯全楼大像的建筑大兴,间接促使塔向寺外发展。多层塔是在塔的表面上表现出木结构的柱梁斗拱等,如西安慈恩寺大雁塔(公元652年)、荐福寺的小雁塔、香积寺塔(公元681年)、兴教寺的玄奘塔(公元669年)等都属此类。密檐塔一般不用柱梁斗拱等装饰,而轮廓线条呈现优美,如嵩山永泰寺塔和法王寺塔(8世纪),云南昆明慧光寺塔和大理崇圣寺塔都是此类。墓塔中以山东长清灵岩寺的惠崇塔(7世纪前半期)为最典型。此类塔一般是

古代建筑

两层重檐。顶上有砖或石制的刹。只有唐代嵩山会善寺的净藏塔（公元746年）是单层八角形的，塔身用砖砌出柱梁斗拱门窗等。

大雁塔位于西安和平门外慈恩寺内，初期也叫慈恩寺塔。唐高宗永徽三年（公元652年）由唐僧玄奘创建，用以存放其由印度带回的佛经。大雁塔初建为五层，高180尺。武则天时重建，后经兵火，五代后又行修缮，为七层，即现存塔状。塔高64米，底边各长25米，整体呈方形角锥状，造形简洁，比例适度，庄严古朴。塔身有砖仿木构的枋、斗拱、栏额，塔内有盘梯可至顶层，各层四面均有砖券拱门，可凭栏远眺。塔底正面两龛内有褚遂良书写的《大唐三藏圣教序》和《圣教序》碑，四面门楣有唐刻佛像和天王像等研究唐代书法、绘画、雕刻艺术的重要文物，尤其是西面门楣上石刻殿堂图显示的唐代佛教建筑，是研究唐代建筑的珍贵资料。

★ 大雁塔

两宋辽金时期的建筑

经过了五代短暂的纷争，宋朝登上了中国的历史舞台。宋对内中央集权，重文轻武，猜忌压抑贤臣，对外采和亲纳币的妥协政策。此外，宋朝理学盛行，封建文人大力鼓吹"扬理抑欲"，对后世产生了很坏的影响。在宋朝，汉文明一直受到北方游牧民族的挑战。北宋辽金对峙，南宋与金元对峙，最后终为元所灭。但城市经济发达，手工业分工细化，科技生产工具更进步，商业的繁荣推动了整个社会前进。

受精神领域的影响，宋代建筑没有了唐代建筑雄浑的气势，体量较小，绚烂而富于变化，呈现出细致柔丽的风格，出现了各种复杂形式的殿、台、楼、阁。建筑结构在宋代也有了很大的变化，突出表现为斗拱的承重作用大大减弱，且拱高与柱高之比越来越小。原来在结构上起重要作用的昂，有些已被斜袱代替，补间铺作的朵数增多。此时期建筑构件、建筑方法和工料估算在唐代的基础上进一步标准化，规范化，并且出现了总结这些

古代建筑

经验的书籍，如《营造法式》和《木经》。其中李诫所著的《营造法式》是我国古代最全面、最科学的建筑学著作，也是世界上最早、最完备的建筑学著作，相当于宋代建筑业的"国标"。

公元916年，北方的契丹人建立了辽朝，侵占了山西、河北的北部，吸收汉文化，进入封建社会。由于北方从唐末就成为藩镇割据状态，建筑风格很少受后期中原和南方的影响，因此辽代建筑保持了很多五代及唐的风格，再加上游牧民族豪放的性格，建筑物显得庄严而稳重。辽代有些殿宇东向，这与契丹族信鬼拜日、以东为上的宗教信仰和居住习俗有关。随后兴起的金朝在建筑领域由于工匠都是汉人，建筑兼具宋、辽风格，但更接近柔丽的宋朝建筑，且不少作品流于烦琐堆砌。

宋时的城市建筑以开封为代表。东京汴梁（今河南开封），是一个因大运河而繁荣的古都。后周正式定都于此，北宋更形富饶，人口近百万。汴梁城三重相套，第二重内城即唐时州城，内城中心偏北为州衙改建成的宫城，最外的郭城为后周显德二年（公元955年）扩建，周40余里。由宫城正门宣德门向南，通过汴河上的州桥及内城正门朱雀门到达郭城正门南薰门，是全城纵轴；州桥附近有东西向的干道与纵轴相交，为全城横轴。这些都和汉魏邺城以来都城的布局相似。在宫城外东北有皇家园林艮岳，城内有寺观70余

中外文化艺术大讲堂

处,城外有大型园林金明池和琼林苑,这些都丰富了城市景观。汴梁首次在宫城正门和内城正门间设置了丁字形纵向广场。这些对以后直至明清的都城布局产生很大影响。

随着城市经济的逐渐发达,晚唐五代时已开始临街设店,宋代的城市正式取消了唐代的里坊制度和集中市场制,准许邻街设店。这使此后的都市面貌多样化,丰富了市民生活,也改变了都市规划的结构,我们可以从宋画《清明上河图》清楚地看到这些。平江,即今苏州,是江南平原上手工业和商业汇集的水运城市。南宋临安,即今之杭州,是早期海运贸易中心和江南的文化古城。北京当时为辽南京,后为金中都,以至后来的元大都,成为全国新的政治中

★ 《清明上河图》

古代建筑

心乃告确定，又经过明清两代的经营，终成为世界不朽名城之一。这些均成为两宋辽金时期的著名城市。

此时期宫殿建筑体量较唐时较小，细部装饰增加，注重彩画，雕刻，总体呈绚烂，柔丽的形象。女真人攻破繁华的宋东京城后，按照宋金东京宫城的样式在中都建造了金朝的皇宫。皇宫的宫城在城中而稍偏西南，从丰宜门至通玄门的南北线上，南为宣阳门，北有拱辰门，东置宣华门，西设玉华门，前为官衙，后为宫殿。正殿为大安殿，北为仁政殿，东北为东宫，共有殿三十六座。此外还有众多的楼阁和园池名胜。城东北的琼华岛（即今北京北海公园）建有离宫，供皇帝游幸。现存的山西繁峙岩山寺的壁画所绘的仙界的宫殿，即反映了当时宫殿建筑的形象，是不可多得的资料。

宋徽宗赵佶所画的《瑞鹤图》和岩山寺的另一副壁画也忠实的描绘了此时期宫殿的形象。前者描绘的是赵佶当政的某天突有一片祥云飘来皇宫，绕柱附殿，众人皆仰而视之。惊奇之余，又有群鹤飞鸣于空中，与祥云融为一体，经久不散。体现出在北宋内忧外患的严峻时刻，皇帝祈求上苍降下祥云以挽救宋王朝的危亡；后者则是一组建在高台之上的一组体量巨大的高阁。初祖庵大殿，位于河南登封少林寺西北2公里处五乳峰下，于北宋宣和七年（1125年）为纪念禅宗祖师达摩而建。这座在《营造法式》颁布仅20年后建造的大

殿，为现存最接近《法式》规则之实物，亦即最典型的宋式建筑。大殿坐北朝南，面阔3间，进深3间，单檐歇山顶，曲线优美，琉璃瓦剪边，建于石砌高台之上，前后青石踏道，后壁辟门。大殿檐下置硕大斗拱，明间安板门两扇，两次间辟直棂方窗，前檐立4根十一角石柱，柱面浮雕海石榴、卷草、飞禽和伎乐等图案；殿内明间置佛龛一座，石柱4根，上浮雕神王、盘龙和嫔迦等；大殿东、西、北三壁下部内外砌石护脚，刻云气、流水、龙、象、鱼、蚌、佛像、人物和建筑物等，形象柔美典雅。

晋祠重建于北宋天圣年间（1023—1032年），现在的主要建筑圣母殿面阔七间，进

★ 晋祠

深六间，重檐歇山顶，殿顶琉璃为明代更制。大殿副阶周匝，殿身四周围廊，前廊进深两间，廊下宽敞，为唐、宋建筑中所独有。殿前廊柱雕饰木质蟠龙八条，逶迤自如，盘曲有利，系北宋元佑二年（1087年）原物。蟠龙柱形制曾见于隋、唐之石雕塔门和神龛之上。在中国古代建筑已知木构实物中，此属先驱。殿的角柱生起颇为显著，上檐尤盛，使整个建筑具有柔和的外形，与唐代建筑之雄朴迥异。柱上斗拱出跳，下檐五铺作，上檐六铺作，昂跳调配使用，昂形规制不一、真昂、假昂、平出昂、昂形耍头等皆用之。斗拱形制如此繁复多变，使建筑物愈益俏丽。殿内无柱，六架椽的长袱承受上部梁架的荷载。

殿内用材较大，采用彻上露明造，殿内四十尊宋代仕女塑像，神态各异，是宋塑中的精品。飞梁是殿前方形的鱼沼之上建一座平面十字形，犹如大鸟驾飞的桥，四向通到对岸，对于圣母殿，又起着殿前平台的作用，是善于利用地形的设计手法。桥下立于水中的石柱和柱上的斗拱、梁木都还是宋朝原造。飞梁前面有重建于金大定八年（1168年）的献殿，面阔三面，单檐歇山顶，造型轻巧，在风格上与主要建筑圣母殿取得和谐一致的效果。

滕王阁位于江西南昌赣江岸边，初建于唐永徽四年（公元653年），以王勃《滕王阁序》闻名，后经历代重修重建达28次，唐宋旧迹早已崩坍入江。今存宋画《滕王阁图》是

★ 滕王阁

现知最早的滕王阁图本，反映了宋阁的形象，其体态之雍贵，结构之精丽，给人以深刻印象。从图所见，阁立在高大城台上，为纵横两座二层楼阁丁字相交。全阁共有28个内外转角，结构精巧，造型华美。阁内各层虽硕柱林立，但空间宏敞流通，上下楼层又都有外廊，便于眺望。这种重视人与自然的融洽相亲的文化精神，使得中国的楼阁和欧洲古代的楼房在精神风貌上有明显的不同：后者用砖石砌造，只开着不大的窗子，楼外没有走廊，内外相当隔绝，强调垂直向上

古代建筑

的尖瘦体形，透露着人与自然的隔阂。中国的楼阁则相当开敞，楼内楼外空间流通渗透，环绕各层有走廊，供人登临眺望；水平方向的层层屋檐、环绕各层的走廊和栏干，大大减弱了总体竖高体形一味向上升腾的动势，使之时时回顾大地；凹曲的屋面、翘弯的屋角避免了造型的僵硬冷峻，优美地镶嵌在大自然中，仿佛自己也成了天地的一部分，寄寓了人对自然的无限留恋。

两宋辽金时期的建筑组群在形体组合则富变化，有由四周较低的建筑簇拥中央较高耸的殿阁，在整体总平面采沿轴线排列若干四合院。河北正定隆兴寺是现存宋朝佛寺建筑总体布局的一个重要实例。全寺建筑依着中轴线作纵深的布置，自外而内，殿宇重叠，院落互变，高低错落，主次分明。寺院山门前为一座高大的

★隆兴寺天王殿

一字琉璃照壁，门内为一长方形院子，钟楼鼓楼分列左右，中间大觉六师殿已毁，但尚存遗址。寺院北进为摩尼殿，有左右配殿，构成另一个纵长形的院落。再向北进入第二道门内，就是主要建筑佛香阁和其前两侧的转轮藏殿与慈氏阁以及其他次要的楼、阁、殿、亭等所构成的形式瑰伟的空间组合，也是整个佛寺建筑群的高潮。最后还有一座弥陀殿位于寺后。佛香阁和弥陀殿都是采用三殿并列的制度。这种以高阁为全寺中心的布局方法，无疑是由于唐中叶以后供奉高大的佛像，主要建筑不得不向多层发展，陪衬的次要建筑也随着增高，反映了唐末至北宋期间佛寺建筑的特点。

寺内摩尼殿建于北宋皇祐四年（1052年），是我国现存唯一一座平面呈十字形的大型佛殿，亦为现存木建筑中四面施抱厦最古之例。正中殿身五间，进深五间，殿基近方形，平面呈十字形，中央部分为重檐歇山顶，四面正中各出两间歇山顶抱厦，均以山面向前，殿身全是厚墙围绕，只抱厦正面开门窗，殿内梁架结构皆与《法式》相符。此殿在立体布局上富于变化，重叠雄伟，端庄严肃之中又显露出活泼生动的性格，是传世的宋代绘画中此种式样建筑的唯一实例。这类别致的建筑样式在宋代以前较为少见，宋代以后流传到日本等国。但遗憾的是，它却没有出现在后续各朝的建筑式样之中。

大悲阁是隆兴寺内的主体

古代建筑

建筑,现存的阁是1940年前后重建的。阁高约33米,三层,歇山顶,且上两层都用重檐,并有平坐,给人的感觉比其实际要高大。阁内所供即千手观音高24米,是北宋开宝四年(971年)建阁时所铸,是留存至今的中国古代最大的铜像。转轮藏殿和慈氏阁都是二层,重檐歇山顶。大小相同,而结构各异。这两座建筑经后代重修多次,而以转轮藏殿保存宋朝的风格较多。转轮藏殿内部下层柱子,为了容纳六角形的轮藏,把两中柱外移,形成平面六角形的柱网,同时上下两层间没有平坐暗层,却与辽独乐寺观音阁不同。寺内其余配

★ 隆兴寺转轮藏殿

中外文化艺术大讲堂

★ 河北蓟县独乐寺

殿都是单层。

河北蓟县独乐寺观音阁重建于辽统和二年（1052年），现存的山门和观音阁均是辽代的原物。山门是独乐寺的大门，面阔三间，进深两间，单檐庑殿顶，举折和缓，出檐深远，檐角如翼如飞。山门台基之上立木柱十二根，四根角柱柱头微向内收，柱脚略出向

古代建筑

外，种"侧脚"技法即稳定了结构，防止建筑外倾，又丰富了建筑物的形象。在每根柱头之上，累叠着雄大的斗拱。山门内部不用天花，斗拱、梁、檩条等构件全部可见，极富装饰效果。山门正脊两端的鸱吻，龙头有形，尾向内卷，犹如雏鸟飞翔，十分生动，这正是唐代鸱尾向明清龙吻演变过程中的一个实例。

走过山门，便是高大宏伟的观音阁。它在造型上，兼有唐的雄健和宋的柔和，是辽代建筑中一个重要的代表，也是中国现存双层楼阁建筑最高的一座，以建筑手法高超著称。观音阁外观两层，内有一暗层，实为三层的。观音阁高23米，面宽五间，进深四间，单檐歇山顶，一、二层间有腰檐，檐上出平座，阁的第三层复以藻井，左右次间则用平棊。观音阁上下檐斗拱雄健，排列疏朗，显然有留唐代作风。观音阁内柱网布置采用内外两周的配置方法，构成一个大圈套小圈的双层圈柱平面。观音阁斗拱种类繁多，达24种。其梁、柱、斗枋虽数以千计，但布置有序，组成一个牢固优美的整体。同时，全阁的面宽与进深的比率以及高与进深的比率，均在四比三左右。这样完整统一，设计精巧而稳定的结构，使独乐寺自辽代重建以来，曾经受28次地震，几乎所有的房屋全倒塌了，唯独观音阁和山门和丝毫未损。

华严寺位于山西省大同市内，辽末毁于兵火。金天眷三年（1140年）在原址重建。

明中叶以后寺分上下，各有山门，自成体系。此寺主要殿宇皆东向，这与契丹族崇日的习俗有关。现寺内保存价值最高的是上寺的大雄宝殿和下寺的薄伽教藏殿，其余建筑均为清以后重建或改建。大雄宝殿是上寺的主体建筑，殿建造在高台之上，月台宽敞，面阔九间，进深五间，单檐筒瓦庑殿顶，黄绿色琉璃剪边，举架平缓，出檐深远，檐下斗拱用材硕大，单材31×20厘米，是《法式》中规定的一等材；正脊两端的鸱吻高达4.5米，系金代遗物，至今光泽灿然。大殿平面采用减柱法，节省内柱12根，扩大了室内空间；殿内除梁外还用四道柱头枋绕周交结成框架，大大增强了建筑物的刚度。补间铺作的栌斗下设驼峰，置于普柏枋上。大殿除在前檐当心间及两梢间装方格横披窗和双扇板门外，其余均包砌厚实的砖墙。殿内中央供五方大佛和二十诸天等明代塑像，四壁满绘壁画，为清光绪年间重绘。此外，薄迦教藏殿内的壁藏为辽代小木作重要遗物。

宋代的塔，形制由四边渐变为六边、八边或十边形，但以八形最为普遍。这种肇源于八卦方位图式的塔，不仅轮廓曲线优美圆浑，而且更有利于结构的稳定，在塔的高度上，也有了新的突破。山西应县佛宫寺释迦塔建于辽清宁二年（1056年），至今已历940多年，经狂风暴雨、强烈地震、炮弹轰击，寺内大部分建筑已毁，唯此塔依然屹立在黄土高

61

古代建筑

★ 山西应县佛宫寺释迦塔

原之上,是中国现存唯一的一座木塔。此塔在中国的无数宝塔中,无论建筑技术、内部装饰和造像技艺,都是出类拔萃的。院平面布局保持着南北朝时代佛寺的传统。塔平面八角形,高九层,其中有四个暗层,高67.3米,底层直径30.27米,体形庞大。在结构上,木塔使用明栿、草栿两套构件;各层上下柱不直接贯通,而是上层柱插在下层柱头的斗拱中(称为"叉柱造"),这是唐宋时期建筑的重要的特征。木塔采用了分层叠合的明暗层结构,各暗层在内柱与内外角柱之间加设不同方向的斜撑,很类似现代结构中的空间

行架式的一道圈梁的钢构层。塔的柱网和构件组合采用内外槽制度，内槽供佛，外槽为人活动，全塔装有木质楼梯，可逐级攀登至各层，每登上一层楼，都有不同的景观。全塔不用一钉一铆，靠50多种斗拱和柱梁镶嵌穿插吻合而成，用现代力学的观点看，每种规格的尺寸均符合受力特性；有时风一吹塔便摇动，发出吱哑之声，使给人以塔欲倾倒之感。然而，全塔的每个木构件接点在受外力时都产生一定的位移与形变，抵消了外界能量，从而以柔克刚，不会倒塌。木塔能千年不倒，除其本身结构精巧，还得益于古代工匠对建筑材料的精心选择和当地易于木材保存的独特气候。

两宋辽金时期的砖石塔留存很多，形式丰富，构造进步，是中国砖石塔发展的高峰，除墓塔以外，大型砖石塔可分为楼阁式和密檐式。密檐式塔一般不能登临，多为石心，构造与外形比较划一，而楼阁式塔则比较多样。以下举二例进行分析。北宋年间河北定县的开元寺塔，八角十一层，高84.2米，是我国现存最高的一座古塔。塔为砖砌，加有少量木质材料，通体涂成白色。塔平面呈八角形，由两个正方形交错而成，用砖层层叠涩挑出短檐，呈明显的凹曲线。塔的下九层东、西、南、北四个正面设券门，其余四个隅面辟棂窗（假窗），窗为大方砖雕琢而成。最上两层，则八面均辟为券门。门为拱券式，券外绘方形图案，设有砖

古代建筑

★ 开元寺塔

雕门额、门簪。券顶上饰有桃尖形的香火烟气,逐层向上,线条渐增,象征着"佛光普照,香火缭绕"的佛门盛景。塔的各层均叠涩出檐,托出一平台,唯底层有瓦脊。各层檐角皆有挑檐木,外端有铁环,原置有风铎(铃)。顶层檐部为八脊八坡,角脊前部是黄琉璃的人物、脊兽。角脊的交汇处是砖砌的莲花瓣,其上是塔刹的铁座,顶端装砌由六节组成的铜铸葫芦形宝瓶。塔内各层均有阶梯,顺级而上可达塔顶。塔心与外皮之间形成八角回廊,犹如大塔之中包着一座小塔。

北京天宁寺塔为八角十三

层密檐式实心砖塔，高57.8米，不可登临。它建于方形砖砌大平台之上，平台以上为两层八角形基座：下层基座各面以短柱隔成6座壶门形龛，基座之上为平座部分，平座之上用3层仰莲座承托塔身。塔身平面也为八角形，八面间隔着陷作拱门和直棂窗，门窗上部及两侧浮雕出金刚力士、菩萨、天部等神像，塔身隅角处的砖柱上浮雕出升降龙，第一层塔身之上，施密檐13层。塔檐紧密相叠，不设门窗，几乎看不出塔层的高度。这是典型的辽、金密檐式塔的形式。塔每层塔檐递次内收，递收率逐层向上加大，使塔的外轮廓呈现缓和的卷杀开头塔顶用两层八角莲座，上承宝珠作为塔刹。1976年唐山地震时，塔顶宝珠被震碎，局部瓦件下附，但整个塔身尚属完好。天宁寺塔极为优美，须弥座、第一层塔身、13层密檐、巨大的塔宝珠，相互组成了轻重、长短、疏密相间相联的艺术形象，在建筑艺术上收到很好的效果。因此著名建筑家梁思成先生曾盛赞此塔富有音乐韵律，为古代建筑设计的杰作。此外，还有开封佑

★北京天宁寺塔

古代建筑

★ 上海龙华塔

国寺铁色琉璃砖塔、封相国寺繁塔、上海龙华塔等等，都是宋塔的杰作。

宋南迁后，传统园林建筑和江南自然环境结合影响了明清园林。南宋私家园林和江南的自然环境相结合，创照了一些因地制宜的手法，筑山叠石之风盛行，产生了以莳花、造山为专职的匠工。宋太祖乾德中，置琼林苑于顺天门大街，太宗太平兴国中，复凿金明池于苑北，导金水河注入，以教神卫虎翼水军，习舟楫，因习水嬉。宋徽宗筑寿山艮狱于禁城之东，收浙中珍异花木竹石，凡六载而始落成，奇花异木，珍禽异兽，莫不毕集，飞楼杰观，集于斯矣。

宋代陵制式陵墓是中国古代陵墓制度的转折点，宋代开始集中皇陵成陵区，布局受风水影响，后陵较小，居帝陵西北，并分设主陵为上宫，和供奉遗物或祭祀的下宫，神道较短，两侧密植柏林，雕刻较唐为拘谨，且陵墓规制化后，官方亦明定丧事礼仪，厚葬之风仍盛，南宋时上下宫串连至同一轴线，石棺多存于上宫之后

的龟头屋内，称攒宫，墓内装饰愈见华丽。

总之，宋代建筑可认为是柔和化的唐代建筑，体制较小，趋于秀丽俊挺，柔美典雅，影响了元、明、清的发展。辽保存了唐的雄健爽朗，刚古劲挺之风格。此时首先出现斜栿，木结构内部空间及朔造形式及精炼，为创造力的高度发挥。斗拱技术此时期已相当成熟，种类多样，但其承重作用大大减弱，且拱高与柱高之比越来越小。原来在结构上起重要作用的昂，有些已被斜栿代替，补间铺作的朵数增多。此外宋代建筑屋顶坡度加大，大胆使用减柱法，房屋组合十分丰富。

瓦饰在此时期多种多样，制琉璃瓦的工艺有了进步，高档建筑多用琉璃瓦和青瓦组成剪边屋顶，给人以柔和灿烂的印象。天花的式样丰富，有圆形井、八角井、菱形覆斗井等。宋代装饰纹样大致承唐，精美雅致，但气魄却远逊于唐。彩画随建筑等级的差别而有五彩遍装、青绿彩画和土朱刷饰三类。此时期出现了乌头门，房屋的门窗有板门，落地长窗，格子门，格门栏槛钩窗等。柱础多为覆盆式，较矮平，花样较多。栏杆的较明清式样纤细，残留有木栏杆的形象。此时期台基的艺术处理也十分细致。此时期砖的产量进一步增加，砖结构技术有了很大进步。城墙还多为夯土制，仅有少数城门处包砖处理，且砖券拱门还未出现，仍为梯形木桩支撑。

蒙元时期的建筑

据历史记载，蒙古族大约于公元7世纪登上历史舞台，13世纪强大了起来。他们南下入侵中原，灭掉了金朝和宋朝，又向西扩张，占据了中亚、东欧，成为了版图空前巨大的蒙古帝国。南下和西征，使蒙古人开阔了眼界，广泛接触和吸收了东西方各民族的文化。在元朝，游牧文明与农业文明相互冲突与融合，推动了中国文化的发展。元中叶后手工业和生产力得到恢复与发展，中原和江南沿海若干城市也进步繁荣起来，宋以来的邻街设店的格局进一步发展。在建筑方面，各民族文化交流和工艺美术带来新的因素，使中国建筑呈现出若干新趋势。此时期大量使用减柱法，但正式建筑仍采满堂柱网，喇嘛教建筑有了新的发展。汉族传统建筑的正统地位在此时期并没有被动摇，并继续发展。官式建筑斗拱的作用进一步减弱，斗拱比例渐小，补间铺作进一步增多。此外，由于蒙古族的传统，在元朝的皇宫中出现了若干盝顶殿、棕毛殿和畏兀尔殿等。

中外文化艺术大讲堂

★喇嘛教建筑——夏鲁寺

1272年，元朝定都北京。至此，北京终于从中国数以千计的城市中脱颖而出，第一次成为全中国的政治、经济和文化中心，并延续到明、清两代。在荒野上营建的大都城，由汉人刘秉忠，阿拉伯人也黑迭儿及科学家郭守敬共同规划，是我国第一个按照《考工记》理想所设计的城市，具有方整的格局，良好的水利系统，纵横交错的街道，和繁荣的市街景观。它以今天北海公园为中心，南城墙在今日长安街以南，北城墙在德胜门和安定门外小关一线，东墙在东直

古代建筑

门和建国门，西墙在西直门和复兴门。城墙四周有11个城门。元代城墙仍以土筑成，北城墙遗址上至今还有断壁残垣可供游人抚今追昔。元代还在城门之外加修瓮城，目的是加强城门守军的防护能力。其上筑有高大的箭楼，设排射孔，守城士兵出击时可在瓮城内集结，然后启门出击。如现在俗称的"前门"就是正阳门的瓮城。元大都宫城位于全城南部中央，大明殿为前朝，延春宫为后宫。宫城北部为御苑，宫城西部为太液池。太液池两岸，南为隆福宫，北为兴圣宫。三宫鼎峙，形成以太液池为中心的宫苑区。三宫周围绕以萧墙，又称红门拦马墙。元代的宫殿穷极奢侈，使用了大量昂贵的建筑材料。这些华贵的宫殿，都是由作为奴隶的工匠建造的，等到元朝的反动统治被推翻后，这些由劳动人民的血和泪建造起来的宫殿，被明朝大将军徐达拆毁。

元朝各种宗教并存发展，建造了很多大型庙宇。原来只流行于西藏的喇嘛教，这是在内地开始传播，建了不少寺塔，一直延续到明、清。现存北岳庙德宁殿是是我国现存元代木结构建筑中最大的一座，也是庙内的主体建筑。大殿建在高大的台基之上，高30余米，重檐庑殿式，琉璃瓦脊，青瓦顶。檐下高悬元世祖忽必烈亲笔题书的"德宁之殿"匾额。殿内绘有巨幅壁画《天宫图》，高约7米，长约18米。画面色彩浓郁协调，线条流畅洒脱，据传为唐朝吴道子所绘，

中外文化艺术大讲堂

为我国美术史上罕见的杰作。

　　山西永济县永乐宫是元朝道教建筑的典型，也是当时全真派的一个重要据点。1959年修建三门峡水库时为了免于水淹，迁到了现在的芮城县城附近。永乐宫规模宏伟，气势不凡，建筑面积达八万六千多平方米。宫门、三清殿、纯阳殿、重阳殿排列在一条五百米长的中轴线上。三清殿是永乐宫最大的殿，仅屋脊上的琉璃鸱尾就有三米高。这样巨大的屋顶前坡用蓝色琉璃瓦组成三个菱形图案；殿檐周围镶着琉璃瓦边，与殿内外的雕塑、彩绘相互辉映。三清殿保持着宋代特色，为元代官饰大木构典

★ 永乐宫

71

古代建筑

型。永乐宫内艺术价值最高的是精美的壁画。三清殿内的壁画是永乐宫壁画的精华，这些画完成于元代泰定二年（1325年）。巨幅壁画展现了天神们朝拜元始天尊——老子的情景。南墙西侧的青龙、白虎两星君，为这个庞大的仪仗队的前导，神龛背后的三十二帝君为后卫；东、西、北三壁及神龛的左右两侧壁上分别画着南极长生大帝、西王母等八位主神，这八尊主神的周围簇拥着雷公、电母、八卦星君、各方星宿等神君。壁画继承了唐画风，在人物画的线条运用上达到了很高的成就，粗细、长短、浓淡、刚柔不同的线条勾画出各种不同物体的质感。

元代起，从尼泊尔等地传入西藏的覆钵式瓶形喇嘛塔又流行于中原。现存单体塔的代表作品为北京妙应寺白塔。妙应寺即白塔寺，位于北京阜城门内。辽道宗寿昌二年（1096年），曾在此修建过一座佛舍利塔，后毁于兵火。元世祖忽必烈敕令在辽塔遗址上修建一座喇嘛塔。这一工程由尼泊尔人阿尼哥主持，于至元十六年（1279年）竣工。白塔通高50.9米，基座面积810平方米，

★ 北京妙应寺白塔

从下至上由塔座、塔身、相轮、华盖和塔刹五部分组成。塔座高9米，分为3层。下层为护墙，平面成方形。中层与上层均为折角须弥座式，平面呈现"亚"字形，四周均向内递收二折，形似房屋的四出轩。其转角处有角柱，轮廓分明。上层须弥座上周匝放有铁灯龛。大须弥座式基台之上为一巨型覆莲座，即以砖砌筑并雕出的巨大的莲瓣，外涂白灰。莲座外尚有五道环带形"金刚圈"，用以随托塔身。塔身为一巨大的覆钵，形如宝瓶，也叫塔肚，直径18.4米外形雄浑稳健，环绕七条铁箍，使塔身成为一个坚固的整体。塔身之上又是一层折角式须弥座，用以连接塔身与相轮。相轮层层拔起，下大上小，呈圆锥形，共13层，故名为"十三天"。相轮是鉴别此类塔年代的标准。凡早期喇嘛塔，十三天部分较为粗壮，下大上小，形如圆锥。而到了明清，这一部分上下的大小逐步接近，不少清代喇嘛塔的十三天相轮几乎接近圆柱形。华盖之上就是塔的最上部分塔刹。佛塔的刹顶多作仰月或宝珠，而此塔刹乃为一铜制小型喇嘛塔，高4.2米，重4吨，金光闪烁，耀眼醒目。

元朝留下了许多科学建筑。元世祖忽必烈统一中国后，为了促进农牧业的发展，于元至元十三年（1276年），任用著名的科学家郭守敬、王恂进行一次规模巨大的历法改革。在全国建立了27个观测站，位于河南登封告成的观星台，就是当时全国的中心观测

73

古代建筑

站。观星台是我国天文科学发展史上的宝贵遗产和重要的实物资料，是我国现存最古老的天文建筑，也是世界上一座著名的天文科学古迹。台的型制是由台身和石圭组成，台身形状似覆斗，系砖石结构，台高九点四六米连台顶小房通高12.62米，台上方每边宽8米，底边每边长16米。台身四周筑有砖石踏道和梯栏盘旋簇拥台身，使整个建筑布局，显得庄严而巍峨；台顶各边砌有女儿墙，台上放有天文仪器，以观天象。北壁正中有一直立的凹槽，正对量天尺。量天尺又称石圭，以36块青石平铺而成，全长31.19米，合元朝钦天监

★观星台

表尺一百二十八尺，宽四尺五寸，厚一尺四寸，石圭南头有注水池，北有排水孔。

元御苑西有翠殿、花亭、球阁、金殿，苑外重绕长庑，庑后出内墙，连东海，以接厚载门，门上建高阁，东百步，有观台，台旁有雪柳万株。而陵墓建筑上，由于蒙古人先期采用天葬、风葬，后采用木棺葬。使得元朝的陵墓建筑受到一定程度的影响。总之，元代宫室建筑承袭了唐宋以来的传统，而部份地方建筑则继承金代，在结构上使用大内额构架，大胆运用减柱、移柱法和圆木、弯料，富含任意自由奔放的性格。但由于木料本身的性质所限，加之没有科学的计算方法，减柱、移柱往往是失败的，后来不得不用额外的柱加固。元代继宋金建筑的布局形式，有前三殿和后三宫，其处里的手法是元朝采用工字型制。元朝以后的装饰纹样倾向平实、写实的路线，宫殿建筑的色彩和图案为精密研究，风格秀丽且绚烂。

明清时期的建筑

元朝严酷的统治终被推翻,中国又恢复了汉人掌权。一心想恢复汉唐雄威的明朝皇帝并没有给中国带来另一次辉煌,封建制度没落的颓势已无法挽回。在明朝,中央集权发展到极点,宰相被废除,皇帝成为官僚之长。特务政治也发展到极至,东西厂、锦衣卫等特务组织十分发达。封建统治者大力提倡儒学,但此时的儒学早没有了先秦时的朝气,其消极因素越来越显现出来。随着生产力的发展,手工业与生产技术的提高,国内外市场的扩大,资本主义在中国萌出了芽。此时期中国的科技发展出现了最后一个高峰,李时珍编著《本草纲目》、宋应星作《天工开物》。近代西方文化开始传入中国,利玛窦、徐光启合译了《几何原本》。明末对农民严酷的剥削引起的大规模农民起义推翻了明朝。清朝统治者南下夺取了革命的果实,延续明之君主独裁,对汉族实行民族同化政策,鼓励醉心利碌的奴才思想,且大兴文字狱,使学术发展受到阻碍。在经历了短暂的康乾盛世后,

国势陡转，八旗子弟的弓箭长矛终敌不过洋鬼子的坚船利炮，中国进入了灾难深重的半封建半殖民地社会。

在建筑方面，明清到达了中国传统建筑最后一个高峰，呈现出形体简练、细节繁琐的形象。官式建筑由于斗拱比例缩小，出檐深度减少，柱比例细长，生起、侧脚、卷杀不再采用，梁枋比例沉重，屋顶柔和的线条消失，因而呈现出拘束但稳重严谨的风格，建筑形式精炼化，符号性增强。官式建筑已完全定型化、标准化，在清朝政府颁布了《工部工程作法则例》，民间则有《营造正式》《园冶》。由于制砖技术的提高，此时期用砖建的房屋猛然增多，且城墙基本都以砖包砌，大式建筑也出现了砖建的"无梁殿"。由于各地区建筑的发展，使建筑的区域特色开始明显。在园林艺术方面，清代的园林有较高的成就。

明清时期，城市数量迅速增加，都市结构也趋复杂，全国各地均出现了因各种手工业、商业、对外贸易、军事据点、交通枢纽，而兴起的各类市镇，如景德镇，扬州，威海卫，厦门等，此时大小城市均有建砖城、护城河，省城、府城、州城、县城，皆各有规则。现存保存比较完好的是明西安城墙。它始建于明洪武三至十一年（1370—1378年），是在唐长安皇城的基础上扩建而成的，明隆庆四年（1570年）又加砖包砌，留存至今。明西安城的西、南两面城墙基

77

古代建筑

★ 明西安城墙

本和唐长安皇城的城垣相同，东、北两面墙向外扩移了约三分之一。城墙高12米，顶宽12～14米，底宽15～18米。城呈长方形，南垣长4255米，北垣长4262米，东垣长1886米，西垣长2708米，周长约13.7公里。城四面各筑一门，每座城门门楼三重：闸楼在外，箭楼居中，正楼最里，为城的正门。箭楼与正楼之间与围墙连接形成瓮城。在城墙四角各筑角楼一座。城墙上相间120米还有敌台（马面、墩台）98个，

台上筑有敌楼，供士兵避风雨和储存物资用。城墙顶部外侧还修有雉谍（垛墙）共5984个，上有垛口和文口，供射箭和了望用，内侧修有女墙无垛口，以防行人坠落，城外有护城河环绕。整个城墙气势雄伟，构成一个科学严密的古城堡防御体系。

明清时期建筑组群，采用院落重叠纵向扩展，与左右横向扩展配合，以通过不同封闭空间的变化来突出主体建筑，其中以北京的明清故宫为典型，此时的建筑工匠，组织空间的尺度感相当灵活敏锐。明清建筑具有明显的复古取向，官式建筑由於形式上斗拱比例缩小，出檐较短，柱的生起，侧脚，卷杀不再使用梁坊的比例沈重，屋顶柔和的线条轮廓消失，故不如唐宋的浪漫柔和，反而建立严肃，拘谨而硬朗的基调，明代的官式建筑已高度标准化，定型化，而清代则进一步制度化，不过民间建筑的地方特色表现得十分明显。

飞云楼在四川万荣县解店镇东岳庙内，相传始建于唐，现存者建于明正德元年（1506年）重建。楼面阔五间，进深

★四川飞云楼

古代建筑

五间，外观三层，内部实为五层，总高约23米。底层木柱林立，支撑楼体，构成棋盘式。楼体中央，四根分立的粗壮天柱直通顶层。这四根支柱，是飞云楼的主体支柱。通天柱周围，有32根木柱支擎，彼此牵制，结为整体。平面正方，中层平面变为折角十字，外绕一圈廊道，屋顶轮廓多变；第三层平面又恢复为方形，但屋顶形象与中层相似，最上再覆以一座十字脊屋顶。飞云楼体量不大，但有四层屋檐，12个三角形屋顶侧面，32个屋角，给人以十分高大的感觉。各层屋顶也构成了飞云楼非常丰富的立面构图。屋角宛若万云簇拥，飞逸轻盈。此楼楼顶，以红、黄、绿五彩琉璃瓦铺盖，木面不髹漆，通体显现木材本色，醇黄若琥珀，楼身上悬有风铃，风荡铃响，清脆悦耳。

广西容县真武阁建于明万历元年（1573年），建在容县东门的古经略台上。阁三层，楼层面阔三间，进深一间，底层扩展为面阔五间，进深三间，外观三层檐，歇山顶，高13.20米，屋檐挑出很大而柱高甚低，感觉比一般楼阁的出檐节奏加快，使得真武阁像是一座单层建筑而有三重屋檐，有强烈的韵律感和动势，但又较一般重檐建筑从容和层次鲜明。再加屋坡舒缓流畅，角翘简洁平缓，给全体增加了舒展大度的气魄，非常清新飘逸，是充分表现中国建筑屋顶美的杰作。底层平面比上二层大出很多，也使轮廓更显生动。真武阁不以浓丽华贵取胜，而以

中外文化艺术大讲堂

★ 广西容县真武阁

轻灵素雅见长。全阁用了近3000条坚如石制的铁黎木构件，全部外露木面，一律为灰黑色，三重屋面则是绿瓦灰脊，色调极淡雅柔和。登阁远望，隔着南岸广阔的平原，东南山岭巍然矗立，气势雄壮。阁本身高13米，加上台高近20米，也是周围区域观赏的对象。在楼层有四、五根金柱，贯穿二、三层，其柱脚悬空，下离二层楼面5至25毫米，形成此建筑的一个特点。

现存的佛寺，多数为明清两代重建或新建，尚存数千座，遍及全国。汉化寺院显示出两种风格：

（1）位于都市内的，特别是敕建的大寺院，多为典型的官式建筑，布局规范单一，

81

古代建筑

总体规整对称。大体是：山门殿、天王殿，二者中间的院落安排钟、鼓二楼；天王殿后为大雄宝殿，东配殿常为伽蓝殿，西配殿常为祖师殿。有此二重院落及山门、天王殿、大殿三殿者，方可称寺。此外，法堂、藏经殿及生活区之方丈、斋堂、云水堂等在后部配置，或设在两侧小院中。如北京广济寺、山西太原崇善寺等即是。

（2）山村佛刹多因地制宜，布局在求规整中有变化。分布于四大名山和天台、庐山等山区的佛寺大多属于此类。明清大寺多在寺侧一院另辟罗汉堂。为了便于民众受戒，经过特许的某些大寺院常设有永久性的戒坛殿。明、清时代，在藏族、蒙古族等少数民族分布地区和华北一带，建造了很多喇嘛寺。它们在不同程度上受到汉族建筑风格的影响，有的已相当汉化。

此时期中国佛寺建筑上出现一种拱券式的砖结构殿堂，通称为"无梁殿"，如南京灵谷寺、宝华山隆昌寺中都有此种殿堂建筑。这反映了明朝以来砖产量的增加，使早已应用在陵墓中的砖券技术运用到了地面建筑中来。五台山显通寺内的无量殿为用砖砌成的仿木结构重檐歇山顶的建筑，高20.3米。这座殿分上下两层，明七间暗三间，面宽28.2米，进深16米，砖券而成，三个连续拱并列，左右山墙成为拱脚，各间之间依靠开拱门联系，型制奇特，雕刻精湛，宏伟壮观，是我国古代砖石建筑

艺术的杰作。无量殿正面每层有七个阁洞，阁洞上嵌有砖雕匾额。无量殿有着很高的艺术价值，是我国无梁建筑中的杰作。

明、清佛塔多种多样，形式众多。在造型上，塔的斗拱和塔檐很纤细，环绕塔身如同环带，轮廓线也与以前不同。由于塔的体型高耸，形象突出，在建筑群的总体轮廓上起很大作用，丰富了城市的立体构图，装点了风景名胜。佛塔的意义实际上早已超出了宗教的规定，成了人们生活中的一个重要审美对象。因而，不但道教、伊斯兰教等也建造了一些带有自己风格意蕴的塔，民间也造了一些风水塔（文风塔）、灯塔。在造型、风格、意匠、技艺等方面，它们都受到了佛塔的影响。

飞虹塔在山西洪洞县城东北17公里广胜上寺，为国内保存最为完整的阁楼式琉璃塔。塔身外表通体贴琉璃面砖和琉璃瓦，琉璃浓淡不一，晴日映照，艳若飞虹，故得名。塔始建于汉，屡经重修，现存为明嘉靖六年（1527年）重建，天启二年（1622年）底层增建围廊塔平面八角形，十三级，高

★ 飞虹塔

47.31米。塔身青砖砌成，各层皆有出檐，塔身由下至上渐变收分，形成挺拔的外轮廓。同时模仿木构建筑样式，在转角部位施用垂花柱，在平板枋、大额枋的表面雕刻花纹，斗拱和各种构件亦显得十分精致。形制与结构都体现了明代砖塔的典型作风。该塔外部塔檐、额枋、塔门以及各种装饰图（如观音、罗汉、天王、金刚、龙虎、麟凤、花卉、鸟虫等），均为黄、绿蓝三色琉璃镶嵌，玲珑剔透，光彩夺目，形成绚丽繁缛的装饰风格，至今色泽如新。塔中空，有踏道翻转，可攀登而上，为我国琉璃塔中的代表作。

金刚宝座式塔是一种群体塔，俗称"五塔"。它源于南亚次大陆，以佛陀迦耶大塔为典型代表。敦煌莫高窟北朝

★ 北京明代真觉寺塔

壁画中曾有出现，但未被推广。藏传佛教大量采用此种五塔形式，作为宇宙模式的一种表征。除藏、蒙地区外，明清时代华北以北京和承德地区为多。北京地区著名的有明代真觉寺塔，清代碧云寺塔和西黄寺清净化城塔等。真觉寺坐落在北京西直门外，始建于明成化九年（1473年）。清乾隆二十六年（1761年）大修，为避雍正帝胤禛讳，更名大正觉寺。因寺内建有五塔，故俗称五塔寺。明永乐年间，印度僧人班迪达来到北京，献上金佛5尊和印度式"佛陀迦耶塔"图样。永乐帝下旨建寺造塔。

金刚宝座塔由宝座和石塔两部分组成。宝座为7.7米的高台，系砖和汉白玉砌成，分6层，逐层由下而上收进0.5米，外观庄重。最下一层为须弥座，其上5层，每层是一排佛龛，每个佛龛内刻佛坐像一尊。宝座顶上平台，分列方形密檐式石塔5座：中央大塔13层，高约8米，象征毗卢遮那佛；四角小塔各11层，高约7米许，东塔象征阿𨙟佛，南塔象征宝生佛，西塔象征阿弥陀佛，北塔象征不空成就佛。5塔所象征的佛称五方佛。各塔均由上千块预先凿刻好的石块拼装而成。宝座南北正中辟券门，塔内有石阶44级，盘旋而上，通向宝座上层平台。台上还盖有下方上圆琉璃罩。塔座和塔身遍刻佛像、梵文和宗教装饰。中央大塔刻一双佛足迹，意为"佛迹遍天下"。五塔寺金刚宝座塔各部分比例匀称，给人以坚实而不可动摇的

历史的居所
古代建筑

印象。

除了城市建筑、寺庙建筑、宫殿建筑外，明清时代的民居建筑也得到大发展。北京四合院作是北方合院建筑的代表。它院落宽绰疏朗，四面房屋各自独立，彼此之间有游廊联接，起居十分方便。四合院是封闭式的住宅，对外只有一个街门，关起门来自成天地，具有很强的私密性，非常适合独家居住。院内，四面房子都向院落方向开门，一家人在里面其乐融融。由于院落宽敞，可在院内植树栽花，饲鸟养鱼，叠石造景。居住者不仅享有舒适的住房，还可分享大自然赐予的一片美好天地。

影壁是北京四合院大门内外的重要装饰壁面，绝大部分

★ 北京四合院

为砖料砌成，主要作用在于遮挡大门内外杂乱呆板的墙面和景物，美化大门的出入口，人们进出宅门时，迎面看到的首先是叠砌考究、雕饰精美的墙面和镶嵌在上面的吉辞颂语。通过一座小小的垂花门，便是四合院的内宅了。内宅是由北房、东西厢房和垂花门四面建筑围合起来的院落。封建社会，内宅居住的分配是非常严格的，位置优越显赫的正房，都要给老一代的老爷、太太居住。北房三间仅中间一间向外开门，称为堂屋。两侧两间仅向堂屋开门，形成套间，成为一明两暗的格局。堂屋是家人起居、招待亲戚或年节时设供祭祖的地方，两侧多做卧室。东西两侧的卧室也有尊卑之分，在一夫多妻的制度下，东侧为尊，由正室居住，西侧为卑，由偏房居住。东西耳房可单开门，也可与正房相通，一般用做卧室或书房。东西厢房则由晚辈居住，厢房也是一明两暗，正中一间为起居室，两侧为卧室。也可将偏南侧一间分割出来用做厨房或餐厅。中型以上的四合院还常建有后军房或后罩楼，主要供未出阁的女子或女佣居住。

南方地区的住宅院落很小，四周房屋连成一体，称作"一颗印，适合于南方的气候条件。南方民居多使用穿斗式结构，房屋组合比较灵活，适于起伏不平的地形。南方民居多用粉墙黛瓦，给人以素雅之感。在南方，房屋的山墙喜欢作成"封火山墙"，可以认为它是硬山的一种夸张处理。在

古代建筑

古代人口密集的南方一些城市，这种高出屋顶的山墙，确实能起到放火的作用，同时也起到了一种很好的装饰效果。

诸如分布于南方地区的客家土楼是世界上独一无二的神话般的山村民居建筑。土楼分方形土楼和圆形土楼两种。圆形土楼最富于客家传统色彩，最为震撼人心。客家人原是中国黄河中下游的汉民族，1900多年前在战乱频繁的年代被迫南迁。在这漫长的历史动乱年代中，客家人为避免外来的冲击，不得不恃山经营，聚族而居。起初用当地的生土、砂石和木条建成单屋，继而连成大屋，进而垒起多层的方形或圆形土楼，以抵抗外力压迫，防御匪盗。这种奇特的土楼，后来传布到福建、广东、江西、广西一的带客家地区。从明朝中叶起，土楼愈建愈大。在古代乃至解放前，土楼始终是客家人自卫防御的坚固的楼堡。此外，我国其他地方的民居也都很有特色。总之，民居是劳动人民智慧的结晶，形式比较自由，不受"法式""则例"等条条框框的约束。

★ 南方客家土楼

中国古代建筑的基本类型

中国古建筑的成型阶段处于封建社会初期,即从春秋直到南北朝。这一阶段以春秋、战国为开端,春秋战国时期,各诸侯国皆大兴土木,"高台榭,美宫室"。今天,我们仍可在燕赵古都30多所高大的台址上窥见当时宫殿建筑之一斑。至秦汉,为中国古建筑的发展高潮,是中国古代建筑发展史的第一个高峰,三国、两晋延其余脉,南北朝是下一成熟阶段的序曲。在这一历史阶段,中国古代建筑体系已经定型。在构造上,穿斗架、叠梁式构架、高台建筑、重楼建筑和干栏式建筑等相继确立了自身体系,并成了日后2000多年中国古代木构建筑的主体构造形式。在类型上,城市的格局、宫殿建筑和礼制建筑的形制、佛塔、石窟寺、住宅、门阙、望楼等都已齐备。

"上古穴居而野处,后世圣人易之以宫室,上栋下宇,以避风雨。"人类从穴居到发明三尺高的茅屋再到建筑高大宫室,从原始本能的遮风避雨,到崇尚、表现高大雄伟的壮美之感,建筑艺术的进步也是随着人类生产力的不断提高和经济的发展而不断进步的。时代的发展,造就了不同时代的建筑式样与风格。本章为大家呈上的是一幅有关中国古代的民居、园林、宫殿、宗教、城市、桥梁、墙垣,以及陵墓的优美画卷。

中国古代民居建筑

原始社会是中国古代建筑的萌芽期，此时由于中国文化的地域性，即已经表现出建筑方面的地域化特点，比如中国古代长江流域与黄河流域的古建筑即有其各具特色的地域风格。进入夏商周时代，随着生产生活技术与文化艺术的发展，中国古代建筑进入发展时期。进入秦汉魏晋时代，中国古代建筑达到成熟。这一历史阶段有较多的建筑遗存，并开始有了总结性著述。尤其是汉末到南北朝时期，佛教的传入和盛行、南北民族的大融合以及文人士大夫归隐山林的思想情趣和山水诗、山水画的出现，使南北朝时期的建筑艺术在传统的理性精神中加入了许多浪漫情调。至唐代终于形成了理性与浪漫相交织的盛唐风貌。宏伟、规整的都城，恢宏舒展的宫殿、坛庙，规模巨大、形制多样的寺塔、石窟，造型浑厚，装饰华丽，展示出博大伟美的风格特征。这些历史背景的变化，不仅促进了中国古代宫殿建筑、园林建筑与陵园建筑的发展，而且也影响到中国民间的民居建筑风格。

古代建筑

从古到今，中国民居遵循着天人合一，淳朴自然，因地制宜的工艺原则。

中国古代民居的基本分类

中国木构架体系的房屋在新石器时代后期就已经萌芽。公元前5000—前3300年的浙江省余姚县河姆渡文化遗址反映出当时木构技术水平。公元前第5千纪的中国中西部的陕西省西安半坡遗址和临潼姜寨的仰韶文化遗址显示了当时村落布局和建筑情况，说明依南北向轴线、用房屋围成院落的中国古代建筑布局方式已经萌芽。而这种萌芽期的建筑，由于当时政治、经济、文化等方面的幼稚性与淳朴性，使得诸如皇家宫殿、政府办公建筑、国家公共建筑、皇家陵墓建筑与寺庙建筑等，均未出现，可谓是原始的民居建筑与民居群落的早期代表。

从建筑史角度来说，中国在先秦时代，"帝居"或"民舍"都称为"宫室"；从秦汉时代起，"宫室"才专指帝王居所，而"第宅"专指贵族的住宅。汉代规定列侯公卿食禄万户以上、门当大道

★河姆渡干栏式建筑

的住宅称"第"，食禄不满万户、出入里门的称"舍"。近代则将宫殿、官署以外的居住建筑，统称为民居。中国各地区、各民族现存的民间住宅类型主要有：

（1）木构架庭院式住宅。这是中国传统住宅的最主要形式，其数量多，分布广，为汉族、满族、白族等族大部分人及其他少数民族中的一部分人使用。这种住宅以木构架房屋为主，在南北向的主轴线上建正厅或正房，正房前面左右对峙建东西厢房。由这种一正两厢组成院子，即通常所说的"四合院""三合院"。长辈住正房，晚辈住厢房，妇女住内院，来客和男仆住外院，这种分配符合中国封建社会家庭生活中要区别尊卑、长幼、内外的礼法要求。这种形式的住宅遍布全国城镇乡村，但因各地区的自然条件和生活方式的不同而各具特点。其中四合院以北京的四合院为代表，形成了独具特色的建筑风格。

（2）"四水归堂"式住宅。"四水归堂"为江南地区的俗称，意为各屋面内侧坡的雨水都流入天井。中国南部江南地区的住宅名称很多，平面布局同北方的"四合院"大体一致，只是院子较小，称为天井，仅作排水和采光之用。这种住宅第一进院正房常为大厅，院子略开阔，厅多敞口，与天井内外连通。后面几进院的房子多为楼房，天井更深、更小些。屋顶铺小青瓦，室内多以石板铺地，以适合江南温湿的气候。江南水乡住宅往往

临水而建，前门通巷，后门临水，每家自有码头，供洗濯、汲水和上下船之用。

（3）"一颗印"式住宅。云南省的"一颗印"式住宅可以作这类住宅的代表，在湖南（中国南部）等省称为"印子房"。这类住宅布局原则与上述"四合院"大致相同，只是房屋转角处互相连接，组成一颗印章状"一颗印"式住宅建筑为木构架，土坯墙，多绘有彩画。

（4）环形大土楼。大土楼是中国福建西部客家人聚族而居的围成环形的楼房。一般为3～4层，最高为6层，包含庭院，可住50多户人家。庭院中有厅堂、仓库、畜舍、水井等公用房屋。这种住宅防卫性很强。客家人为保护自己的生存创造独特的建筑形式，至今仍在使用。

（5）窑洞式住宅。窑洞式住宅主要分布在中国中西部的河南、山西、陕西、甘肃、青海等黄土层较厚的地区。利用黄土壁立不倒的特性，水平挖掘出拱形窑洞。这种窑洞节

★ 窑洞式住宅

省建筑材料，施工技术简单，冬暖夏凉，经济适用。窑洞一般可分为靠山窑、平地窑、砖窑、石窑或土坯窑等种类。

（6）干阑式住宅。干阑式住宅主要分布在中国西南部的云南、贵州、广东、广西等地区，为傣族、景颇族、壮族等的住宅形式。干阑是用竹、木等构成的楼居。它是单栋独立的楼，底层架空，用来饲养牲畜或存放东西，上层住人。这种建筑隔潮，并能防止虫、蛇、野兽侵扰。

（7）碉房。碉房是中国西南部的青藏高原的住宅形式，当地并无专名，外地人因其用土或石砌筑，形似碉堡，

★藏族碉房

故称碉房。碉房一般为2～3层。底层养牲畜，楼上住人。过游牧生活的蒙、藏等民族的住房还有"毡帐"，这是一种便于装卸运输的可移动的帐篷。

（8）蒙古包。在中国西北部蒙古族住的毡帐称"蒙古包"，是用木枝条编成可开可合的木栅做壁体的骨架，用时展开，搬运时合拢。小型的毡帐直径为4～6米，内部无支

古代建筑

★ 蒙古包

撑，大型的则需在内部立2～4根柱子支撑。毡帐的地面铺有很厚的毡毯，顶上开天窗，地面的火塘、炉灶正对天窗。

（9）"阿以旺"。这是新疆维吾尔族的住宅形式。这种房屋连成一片，庭院在四周。带天窗的前室称阿以旺，又称"夏室"，有起居、会客等多种用途。后室称"冬室"，是卧室，通常不开窗。住宅的平面布局灵活，室内设多处壁龛，墙面大量使用石膏雕饰。

中国各地区古代民居概况

中国汉族地区的传统住宅按其布局方式，大致可划分为规整的和自由的两类，前者主要见于中上阶层，后者主要见于中下阶层，随各地区情况的不同，它们又有不同的地方形式。另外，少数民族住宅，北方窑洞和古城民居，也是中国各地区富有代表性的古代民居。此外，中国还存在不少比较特殊的住宅形式，如水上居民的"舟居"等。到了近现代，由于经济的发展、人口的增多和现代化程度的提高，城市居民多居住在楼房里。且用于居住的楼房样式不断变化更新，楼层也有不断增高的趋势。

（1）传统汉民族地区的

规整式住宅

中国汉族地区传统民居的主流是规整式住宅，这类住宅中，采取中轴对称的四合院或三合院布局的，是中国住宅的主流。院落在中国出现得很早，商周时代已有典型的实例，由汉代形象资料可知当时住宅中已普遍采用，历代延绵不衰，从敦煌壁画和北宋张择端《清明上河图》等绘画作品中可看到许多唐宋的例证，明清趋于成熟。

华北住宅的庭院都较方阔，有利于冬季多纳阳光。东北的院落更加宽大。稍南的晋、陕、豫等省，夏季西晒严重，院子变成窄长。西北地区风沙很大，院墙加高，谓之庄窠。黄河中上游地区又多窑洞式住宅。南方炎热多雨，多山地丘陵，人稠地窄，住宅比较紧凑，多楼房。其典型的住宅以面积甚小的横长方形天井为中心，北面一列3间楼房，楼下正中一间前檐敞开，为堂屋，堂的上层叫祖堂，其他房间为居室。

南方典型住宅的东、南、西三面是较低的楼，或房或廊，也有前廊后房的。大门开在前墙正中或偏左。北房是两坡硬山顶，其他三面都是斜向天井的单坡顶，所有墙头都高出屋顶以上以利防火，墙头的轮廓线可以自由处理。山墙作阶梯状跌落1～3次，称为封火山墙或马头山墙，它与其他平段墙头组成变化丰富的天际线。墙面白灰粉刷，墙顶覆以青瓦，有时墙面为清水灰砖，只在接近墙顶处粉刷白灰，色

调明朗雅素。宅门是装饰集中的地方，有雕砖覆瓦的门檐，有时做出雕砖牌楼的样式。院内和室内只见木材，门、窗、栏杆和月梁及梁柱的交接点都广泛采用木雕，表面多素面或涂素油显露木纹，颇朴素简洁。这种住宅外观方方如印，南方各省分布很广，云南称之为一颗印。较大者在后面或左右可以接建。

南方有的大宅第规模十分巨大，有左中右三路，中路由多进院落组成，对称严谨；左右二路不一定完全对称，较自由。宅内各小院叠石种花，称为庭园，有时宅后或宅旁还建有园林。在闽南、粤北和桂北的客家人常居住大型集团住宅，平面有圆有方，由中心部位的单层建筑厅堂和周围的四、五层楼房组成，楼房只在三层以上才对外开窗，防御性很强。

（2）传统汉民族地区的自由式住宅

这类住宅常建在农村乡镇，多数规模较小，但也可生长组合成较大规模者。形式多样，组合灵活，尤以南方的更为自由，其主要构成手法为：不取院落式的周边布局，而是在屋顶和平面都相连的房屋内，创造出上下左右都可连通的内部空间，外向则开敞暴露，和自然融为一体；不求规整对称，由几座毗连的房屋组成曲折多变的平面，空间和体形也灵活多变，或屋坡前小后大，或屋顶有部分高起为阁楼，或外墙某处上部挑出为悬楼，或楼房与平房毗连。室内

地面随基地标高而错折，或房屋一面和另一面的层数不同等；这些变化仍是使用木结构方式，仅只作一些简单的处理而达到的；建筑材料都是地方产品，以小青瓦或茅草盖顶，以小青砖、编笆抹灰、木板、乱石或泥土筑墙。木不加彩，墙显原色，形成了色彩、肌理、形象的自然对比，真实地显露出功能需要，具有一种单纯天真的趣味。

（3）少数民族住宅

中国少数民族地区的居住建筑也很多样，大多外观朴素，室内利用石膏板划为壁龛，墙头贴石膏花，木地板上铺地毯，舒适亲切；朝向院内常有宽阔的敞廊，廊柱雕花。如西北部新疆维吾尔族住宅多为平顶，土墙，一至三层，外面围有院落；藏族典型民居"碉房"则用石块砌筑外墙，内部为木结构平顶，室内用木板护墙或做木壁龛，铺地毯，使用藏式家具；蒙古族通常居住于可移动的蒙古包内；而西南各少数民族常依山面溪建造木结构干阑式楼房，楼下空敞，楼上居住，坡屋顶，以云南傣族名为竹楼的木结构干阑式楼房最有特色，使用平板瓦盖覆很大的歇山屋顶，用竹编席箔为墙，楼房四周以短篱围成院落，院中种植树木花草，有浓厚的亚热带风光。苗族、土家族的吊脚楼也独具特色。吊脚楼通常建造在斜坡上，没有地基，以柱子支撑建筑，楼分两层或三层，最上层很矮，只放粮食不住人，楼下堆放杂物或圈养牲畜。

古代建筑

(4) 北方窑洞和古城民居

中国地域宽广、民族较多，各地民居的形式、结构、装饰艺术、色调等各具特点。在此，主要介绍一下个性鲜明的北方窑洞和古城内的民居。黄河中上游地区窑洞式住宅较多，在陕西、甘肃、河南、山西等黄土地区，当地居民在天然土壁内开凿横洞，并常将数洞相连，在洞内加砌砖石，建造窑洞。窑洞防火，防噪音，冬暖夏凉，节省土地，经济省工，将自然图景和生活图景有机结合，是因地制宜的完美建筑形式，渗透着人们对黄土地的爱恋。

此外，中国还有保存较完好的古城，这些古城内均有大量的古代民居。其中，山西

★ 瑶寨吊脚楼

★山西平遥古城

平遥古城和云南丽江古城均在1998年被列入《世界遗产名录》。平遥古城是现存最为完整的明清古县城，是中国汉民族中原地区古县城的典型代表。迄今为止，这座城市的城墙、街道、民居、店铺、庙宇等建筑，仍然基本完好，其建筑格局与风貌特色大体未动。平遥是研究中国政治、经济、文化、军事、建筑、艺术等方面历史发展的活标本。始建于南宋的丽江古城是融合纳西民族传统建筑及外来建筑特色的惟一城镇。丽江古城未受中原城市建筑礼制的影响，城中道路网不规则，没有森严的城墙。黑龙潭是古城的主要水源，潭水分为条条细流入墙绕户，形成水网，古城内随处可见河渠流水淙淙，河畔垂柳拂水。古城民居，不仅影映着现实的山水自然与人文美景，更演义着古老的本地历史与过往的人的生活历史。

中国古典园林建筑

中国现存的著名古典园林数量不少，且多是明清两代的遗物。中国古典园林的精华集中在江南，所谓"江南园林甲天下，苏州园林甲江南"。古典园林之所以出现以苏州为重心的现象，主要是因为从春秋以来，苏州一直是我国南方的重要城市，具有物质丰裕、文化发达、山明水秀的优越条件，尤其是自东晋南迁以后，魏晋时代崇尚山水自然的唯美风气深深地影响到苏州的造园活动。由于此地文化积淀深厚，明清时期有许多贵族官僚不断地在苏州建造供他们享受的园林。最终形成了丰富的明清园林遗存。苏州著名的古典园林有拙政园、留园、狮子林、沧浪亭、网师

★苏州拙政园

园、怡园、耦园、艺圃、环秀山庄、拥翠山庄、鹤园、畅园、壶园、残粒园等。此外，在江南其他地方和北方地区，至今也保存着一些著名的古典园林，北京的颐和园和北海，以及河北承德的避暑山庄，就是北方地区最著名的古典园林。

中国古典园林的起源发展

中国古代园林，或称中国传统园林或古典园林。它历史悠久，文化含量丰富，个性特征鲜明，而又多采多姿，极具艺术魅力，为世界三大园林体系之最，世界园林之母。在中国古代各建筑类型中它可算得上是艺术的极品。我国古典园林建造的历史始于何时，至今尚无明确的定论。据有关典籍记载，我国造园应始于商周，其时称之为囿。商纣王"好酒淫乐，益收狗马奇物，充牣宫室，益广沙丘苑台，多取野兽飞鸟置其中"。《周礼》中记载有："园圃树果瓜，时敛而收之"；《说文》中记载有："囿，养禽兽也"；《周礼地官》中记载有："囿人，掌囿游之兽禁，牧百兽"，等等这些古籍记载说明囿的作用主要是放牧百兽，以供狩猎游乐。在园、圃、囿三种形式中，囿具备了园林活动的内容，商周时代是中国古典园林的初始时期。

到了秦代，秦始皇完成了统一中国的大业，连续不断的营建宫、苑，大小不下300处，其中最为有名的应推上林苑中的阿房宫，内有离宫70所，"离宫别馆，弥山跨谷"。可

古代建筑

以想见，规模之宏伟。中国古典园林自汉起称苑。汉朝在秦朝的基础上把早期的游囿，发展到以园林为主的帝王苑囿行宫，除布置园景供皇帝游憩之外，还举行朝贺，处理朝政。汉高祖的"未央宫"，汉文帝的"思贤园"，汉武帝的"上林苑"，梁孝王的"东苑"，宣帝的"乐游园"等，都是这一时期的著名苑囿。

从三国到隋朝统一中国的四百六十多年中，由于战乱较多，在没落、无为、循世和追求享乐的思想影响之下，宫苑建筑之风盛行，又因当时建筑技术与材料已相当发达，建筑装饰中色彩丰富以及优美的纹样图案等，都为造园活动提供了技术与艺术的条件。这一时期有影响的苑室，如三国时代曹操所建的铜雀台，规模虽不算太大，规划却相当合理，说明当时的城市规划也有了进

★铜雀台

一步的发展。就台本身来说，已经不是一般的建筑，出现了五层楼阁，在台与台之间设有可以放置或卸下的阁道（类似浮桥），而且是用机械设备开动，足以说明当时工程技术的进步。

在以园林优美闻名于世的苏州，据记载在春秋、秦汉和三国时代，统治者已开始利用这里明山秀水的自然条件，兴建花园，寻欢作乐。东晋名人冒辟疆在苏州所建的辟疆园，应当是这个时期江南最早的私家园林了。南朝时期，梁武帝的"芳林苑"，"植嘉树珍果，穷极雕丽"。同时，他广建佛寺，自己三次舍身同泰寺。在北朝，北方的统治者与贵族阶层今蒙古和林格尔县兴建"鹿苑"，引附近武川之水注入苑内，成为历史上结合蒙古自然条件所建的重要园林。

隋朝结束了魏晋南北朝后期的战乱状态，社会经济一度繁荣，加上当朝皇帝的荒淫奢糜，造园之风大兴。隋炀帝"亲自看天下山水图，求胜地造宫苑"。迁都洛阳之后，征发全国的奇材异石，以及嘉木异草、珍禽奇兽，都运到洛阳去充实各园苑，一时间古都洛阳成了以园林著称的京都，"芳华神都苑""西苑"等宫苑都穷极豪华。唐代，这是继秦汉以后我国历史上的极盛时期，唐太宗"励精图治，国运昌盛"，社会进入了盛唐时代。此时期的造园活动和所建宫苑的壮丽，比以前有过之而无不及。如在长安建有宫苑结合的"南内苑""东

内苑""芙蓉苑""禁殿苑""东都苑""神都苑""翠微宫"等,都旖旎空前。

宋元两朝造园也都有一个兴盛时期,特别是在用石方面,有较大发展。宋徽宗在"丰亨豫大"的口号下大兴土木。他对绘画有些造诣,尤其喜欢把石头作为欣赏对象。先在苏州、杭州设置了"造作局",后来又在苏州添设"应奉局",专司搜集民间奇花异石,舟船相接地运往京都开封建造宫苑。"寿山艮岳"的万寿山是一座具有相当规模的御苑,周围十余里,规模大、景点多,其造园手法也比过去大有提高。这期间,大批文人、画家参与造园,进一步加强了写意山水园的创作意境。

明清两朝是中国园林创作的高峰期。皇家园林创建以清代康熙、乾隆时期最为活跃。当时社会稳定、经济繁荣给建造大规模写意自然园林提供了有利条件,如"圆明园""避暑山庄""畅春园"等等。私家园林是以明代建造的江南园林为主要成就,如"沧浪亭""休园""拙政园""寄畅园"等等。同时在明末还产生了园林艺术创作的理论书籍《园冶》。

明清园林以自然风景的山、水地貌为基础,以植被做装点。中国古典园林对这些构景要素有意识地加以改造、调整、加工、提炼,从而表现一个精练概括浓缩的自然。它既有"静观"又有"动观",从总体到局部包含着浓郁的诗情

中外文化艺术大讲堂

画意。这种空间组合形式多使用某些建筑如亭、榭等来配景，使风景与建筑巧妙地融糅到一起。优秀园林作品虽然处处有建筑，却处处洋溢着大自然的盎然生机。明、清时期正是因为园林有这一特点和创造手法的丰富而成为中国古典园林集大成时期。

清末，受外来侵略、西方文化冲击、国民经济崩溃等因素影响，造园理论探索停滞不前，园林创作由全盛到衰落。1868年，外国人在上海租界建成外滩公园以后，西方园林学的概念开始侵入中国，对中国传统的园林观形成很大的冲击。但中国园林的成就却达到了它历史的峰巅，其造园手法已被西方国家所推崇和摹仿，

★ 圆明园废墟

107

成了被全世界所共认的园林之母、世界艺术之奇观。

1911年辛亥革命前后，中国城市中自建公园渐多。从20年代起，中国一些农学院的园艺系、森林系或工学院的建筑系开设庭园学或造园学课程，中国开始有现代园林学教育，并同传统的师徒传授的教育方式并行。新中国成立，园林学研究范围从传统园林学扩大到城市绿化领域，由于旅游事业的迅速发展，又扩大到风景名胜区的保护、利用、开发和规划设计领域。

总之，纵观中国造园艺术，可以鲜明地发现中国古典园林艺术始终是以追求自然精神境界为最终和最高目的，即追求人与自然的和谐、"天人合一"。中国古典园林的造园宗旨追求一种"虽由人作，宛自天开"的自然趣味，深浸着中国文化的内蕴。一句话，中国古典园林是中国五千年文化史造就的艺术珍品，是一个民族内在精神品格的写照，是我们今天需要继承与发展的民族瑰丽事业。

中国古典园林的建筑类型

中国古典园林建筑是采用小体量分散布景，不像宫殿庙宇那般庄严肃穆。特别是私家庭园里的建筑，更是形式活泼，装饰性强，因地而置，因景而成。皇家园林在总体布局上，为了体现封建帝王的威严，和美学上的对称、匀衡艺术效果，都是采用中轴线布局，主次分明，高低错落，疏朗有致。私家园林往往是突破严格的中轴线格局，灵活而又

富有变化。通过比、呼应、映衬、虚实等一系列艺术手法，造成充满节奏和韵律的园林空间，居中可观景，观之能入画。

主厅常是全园的活动中心，也是全园的主要建筑，都是建在足以能影响全园的紧要处。厅前凿池，隔池堆山作为对观景，左右曲廊回环，大小院落穿插渗透，构成一个完整的艺术空间。如苏州拙政园中园部分，以"远香堂"为主体建筑，布置了一个明媚、幽雅的江南水乡景色。古典园林里通常都是一个主体建筑，附以一个或几个副体建筑，中间用廊连接，形成一个建筑组合体。这种手法，能够突出主体建筑，强化主建筑的艺术感染力，还有助于造成景观，其使用功能和欣赏价值兼而有之。

常见的建筑物有殿、阁、楼、厅、堂、馆、轩、斋，它们都可以作为主体建筑布置。其中宫殿建在皇家园林里，供帝王园居时使用。它气势巍峨，金碧辉煌，在古典建筑中最具有代表性。园苑里的建筑结构要比皇城宫廷简洁，以突出宁静、幽雅的气氛，平面布置比较灵活，尽管如此，仍不失其豪华气势。

园林中建筑有十分重要的作用。它可满足人们生活享受和观赏风景的愿望。中国自然式园林，其建筑一方面要可行、可观、可居、可游，一方面起着点景、隔景的作用，使园林移步换景、渐入佳境，以小见大，又使园林显得自然、淡泊、恬静、含蓄。这是与西

方园林建筑很不相同之处。中国自然式园林中的建筑形式多样，有堂、厅、楼、阁、馆、轩、斋、榭、舫、亭、廊、桥、墙等。

★ 苏州园林——狮子林厅堂

（1）厅堂。是园林中的主体建筑。"凡园圃立基，定厅堂为主。"厅堂的位置确定后，全园的景色布局才依次衍生变化，造成各种各样的园林景致。厅堂一般坐北朝南。向南望，是全园最主要景观，通常是理池和造山所组成的山水景观，使主景处于阳光之中，光影多变，景色显得变幻无穷。厅堂建筑的体量较大，空间环境相对也开阔，在景区中，通常建于水面开阔处，临水一面多构筑平台，如北京园林大多临水筑台、台后建堂。这成为明清时代构园的传统手法，如拙政园的远香堂、留园的涵碧山房、狮子林的荷花厅、恰园的鸳鸯厅等，都采用此法布置厅堂。

（2）楼阁。是园林中二类建筑，属较高层的建筑。一般如作房阁，须回环窈窕；作藏书画，须爽皑高深；供登

110

眺，在视野要有可赏之景。楼和阁体量处理要适宜，避免造成空间尺度的不和谐而损坏全园景观。

（3）榭。一般都是在水边或花畔筑平台，多借周围景色构成。平面常为长方形，一般多开敞或设窗扇，以供人们游想、眺望。水榭则要三面临水。平台周围有矮栏杆，屋顶通常用卷棚歇山式，檐角低平，显得十分简洁大方。榭的功用以观赏为主，又可作休息的场所。

（4）舫。园林建筑中舫的概念，是从画舫那里来的。是仿造舟船造型的建筑，常建于水际或池中。舫不能移，只供人游赏、饮宴及观景、点景。南方和岭南园林常在园中造舫，如南京煦园不系舟，是太平天国天王府的遗物，苏州拙政园的香洲是舫中佼佼者。

（5）廊。廊在园林中不仅有交通的功能，更重要的是有观赏的作用。在中国园林中，廊是最富有可塑性与灵活性的建筑。廊是一种"虚"的建筑形式，由两排列柱顶着一个不太厚实的屋顶，其作用是把园内各单体建筑连在一起。廊一边通透，利用列柱、横楣

★园林长廊

古代建筑

构成一个取景框架，形成一个过渡的空间，造型别致曲折、高低错落。

廊做为园林建筑中的重要组成部分，无论婉蜒曲折还是高低起伏，抑或曲折如游龙、高下如长虹，都生动活泼颇具特色。它既可在交通上连通自如，将园林串通一气；又可让游人移步换景，仔细品味周围景色。它既可使游人于烈日之下免受曝晒之苦，又可使游人于风雨之中不遭吹淋之罪，在酷暑风

★ 园林亭子

雨之时，仍然可以观赏不同季节和气象时的园林美。

（6）亭。一种开敞的小型建筑物，体积小巧，造型别致，可建于园林的任何地方。亭子的结构简单，其柱间通透开辟，柱身下设半墙。

中国园林中很早就运用亭。据《大业杂记》记载：隋炀帝广辟地周二百里为西苑，"其中有逍遥亭，八面合成，结构之丽，冠绝今古。"从敦煌莫高窟的唐代壁画中，还可以看到那个时期亭的形象。明末著名园林学者计成著的《园冶》一书中，有专节论述亭的形式、构造、选址等。

（7）园墙。这是围合空间的构件。中国的园林都有围墙，且具民族特色；比如龙墙，境蜒起伏，犹如长龙围院，颇有气派。上海豫园的五条龙墙将豫园分割成若干院落，园中的建筑群又都采用院落式布局，园墙更是不可缺少的组成部分。

（8）匾额、楹联与刻石。每个园林建成后，园主总要邀集一些文人，根据园主的立意和园林的景象，给园林和建筑物命名，并配以匾额题词、楹联诗文及刻石。匾额是指悬置于门振之上的题字牌，楹联是指门两侧柱上的竖牌，刻石指山石上的题诗刻字。园林中的匾额、楹联及刻石的内容，多数是直接引用前人已有的现成诗句，或略作变通。如苏州拙政园的浮翠阁引自苏东坡诗中的"三峰已过天浮翠"。还有一些是即兴创作的。另外还有一些园景题名出自名家之手。不论是匾额楹联还是刻石，不仅能够陶冶情操，抒发胸臆，也能够起到点景的作用，为园中景点增加诗意，拓宽意境。

113

中国古代宫殿建筑

中国传统建筑以汉族建筑为主流，主要包括城市、宫殿、坛庙、陵墓、寺观、佛塔、石窟、园林、衙署、民间公共建筑、景观楼阁、王府、民居、长城、桥梁等十五种类型，以及牌坊、碑碣、华表等建筑小品。宫殿建筑，又称宫廷建筑，是皇帝为了巩固自己的统治，突出皇权的威严，满足精神生活和物质生活的享受而建造的规模巨大、气势雄伟的建筑物。这些建筑大都金玉交辉、巍峨壮观。中国古代帝王所居的大型建筑组群，是中国古代最重要的建筑类型。在中国长期的封建社会中，以皇权为中心的中央集权制得到充分发展，宫殿是封建思想意识最集中的体现，在很多方面代表了传统建筑艺术的最高水平。

中国宫殿建筑的起源发展

河南偃师二里头商代早期宫殿遗址是现知最早的宫殿，以廊庑围成院落，前沿建宽大院门，轴线后端为殿堂。殿内划分出开敞的前堂和封闭的后室，屋顶可能是四阿重屋（即庑殿重檐）。整个院落建筑在

夯土地基上。以后，院落组合和前堂后室（对于宫殿又可称为前朝后寝）成了长期延续的宫殿布局方式。另外，河南郑州、湖北黄陂盘龙城和河南安阳殷墟有商代中期和晚期宫殿遗址。盘龙城的朝、寝等建筑布局，已可能分别设置在前后相续的两座建筑中。陕西岐山西周宫殿遗址，是一座完整的两进四合院，沿中轴线设置了屏（照壁）、门屋、前堂和后室，左右廊庑围合。

据记载，东周的宫殿布局是在宫外立双阙，有5重大门及外朝、治朝和内朝三座大殿。战国时期高台建筑盛行，燕国下都和赵国邯郸都是在中轴线上串连的一些高台上建筑宫殿。从秦朝开始，"宫"成为皇帝及皇族居住的地方，宫殿则成为皇帝处理朝政的地方。中国宫殿建筑的规模在以后的岁月里不断加大。秦国宫殿在陕西咸阳北部高原的南沿，1号宫殿遗址居中，依塬作基筑台，台上构屋，经复原是二元式的阙形。秦始皇还在咸阳仿建六国宫殿，又在渭河以南建阿房宫，规模十分巨大。

西汉长安主要有未央、长

★西汉长安未央宫

古代建筑

乐、建章诸宫，以未央宫为朝会宫殿，诸宫各有宫墙，主要宫门处建双阙，中轴一线布局规整对称，其他地方比较自由地布置园林池沼和次要建筑，它们的规模都很宏大。汉洛阳（北魏）城内有南北两宫。秦汉的离宫苑囿也很多，是中国宫殿建设的第一次高潮。曹魏邺城宫殿集中在城内北部，朝会正宫居中，东为寝居的东宫，西为铜雀苑。但当时一般宫殿布局多取南北纵深的方式，大致是在宫城内设前朝、后寝，宫城北常有苑囿。如南朝建康、魏晋和北魏洛阳都是这样。这个时期宫内的朝会部分还流行过三座大殿呈品字形布局的方式。

唐长安有三座宫殿，即西内、东内和南内。西内以太极宫为朝会大宫，以凹字形平面的宫阙为正门（承天门），内有太极殿，两仪殿两重殿庭，即唐代的大朝、常朝和日朝，相当于周制的天子三朝。两仪殿以后还有甘露殿院庭。中轴线左右各有对称布置的一串院庭，安置宫内衙署，形成一片井然有序的大面积组群。此外，宫内还有其他殿亭馆阁共36所。太极宫东连东宫，西连掖庭宫，分居太子和后妃。东内即大明宫，在长安城外东北，大部面积已经发掘或探测。朝会部分与太极宫相似，在丹凤门内顺置含元、宣政和紫宸三座大殿为三朝，左右也各一路。含元殿及左右两阁合成凹字形平面宫阙，气势辉煌。大明宫后面是太液池园林区，沿湖有许多游观建筑，其

中有的是楼阁，规模极大，它和含元殿都是中国古代建筑盛期建筑艺术最高水平的代表。南内兴庆宫较小，是离宫，宫内有占地甚大的湖面。唐东都洛阳宫殿也是在凹字形平面宫阙的后面布置两组殿庭，合成三朝，左右也各有一路。武则天时在这里建筑两座高楼代替原来的两组殿庭，前为明堂，下方上圆共3层，后为天堂5层，规模空前。隋唐时期在两京之间及其他地方还建造了许多离宫，形成了中国宫殿建设的第三次高潮。

北宋汴梁（今河南开封市）和南宋临安（今浙江杭州市）宫殿都是就旧时州衙改建，规模气势已大不如唐。但汴梁由内城正门到宫前正门之间所建的丁字形宫前广场则是北宋的卓越创造。在凹字形宫阙宣德门内前后建大庆、紫宸两组殿庭，也是三朝串连，左右也各一路。寝宫则在此区以外。在常朝、日朝之间隔以通向宫城东西门的横街。此外，宋宫各殿还常采用工字形平面，这些对金元直至明清的宫殿都有很大影响。

金中都宫殿大都仿自汴梁，据载宫内正中为皇帝正殿，后为皇后正位，仍是前朝后寝的概念。元大都宫殿仿自金中都，也是前朝后寝。元代后期可能在后寝以北至宫城北门之间建造了御花园。元大都的宫前广场自宫城正门穿过皇城正门直达都城正门，串连两座，其丁字形广场移至皇城以外，加强了气势。

明北京宫城称紫禁城，都

古代建筑

★ 御花园

城南墙和宫城南墙都在元大都的基础上南移，但前者南移较多，所以加长了宫前的长度，在宫城正门午门和皇城正门承天门之间增加1座端门，宫前广场串连为三，气势更大。宫内布局为前朝三大殿、后寝三大宫和御花园，朝寝均各由3殿组成，都坐落在工字形石台上，仍存有宋金工字殿的遗意。宫城横轴前移至前朝之前，使中轴线上的气势更为贯通。中轴左右前部是文华、武英两殿，后部是东西六宫和外六宫，它们是中轴的衬托。宫城以北的景山也是明代的创造，清代乾隆时在山上建五亭，恰当地起到收束轴线的作用。明宫为清代所沿用，同时又在北京和承德建造了许多离宫。明末时清朝的前身后金政权在沈阳建造过一组宫殿，具有地方的和女

真族的特色。除清代的离宫以外，北京和沈阳宫殿是现仅存的两组宫殿。明清时期是中国宫殿建设的第三次高潮。

总之，中国宫殿传承有序，各代都有所增益。其总的设计思想都在于强调秩序和逻辑，以渲染皇权意识，具有鲜明的民族和时代的特色。其典型特征是斗拱硕大，以金黄色的琉璃瓦铺顶，有绚丽的彩画、雕镂细腻的天花藻井、汉白玉台基、栏板、梁柱，以及周围的建筑小品。北京故宫太和殿就是典型的宫殿建筑。

中国宫殿的间架和院落制度

由于朝代更迭及战乱，中国古代宫殿建筑留存下来的并不多，现存除北京故宫外，还有沈阳故宫，此外，西安尚存几处汉唐两代宫殿遗址。中国宫殿建筑以北京的故宫为代

★ 故宫太和殿

古代建筑

表。故宫又名紫禁城，是明清两朝皇帝的宫廷，先后有24位皇帝在此居住过。故宫占地面积72万平方米，有房屋9千多间，故宫周围是数米高的红色围墙，周长3400多米，墙外是护城河。故宫规模之大、风格之独特、陈设之华丽、建筑之辉煌，在世界宫殿建筑中极为罕见。

故宫分前后两部分，前一部分是皇帝举行重大典礼、发布命令的地方，主要建筑有太和殿、中和殿、保和殿。这些建筑都建在汉白玉砌成的8米高的台基上，远望犹如神话中的琼宫仙阙，建筑形象严肃、庄严、壮丽、雄伟，三个大殿的内部均装饰得金碧辉煌。故宫的后一部分——"内廷"是皇帝处理政务和后妃们居住的地方，这一部分的主要建筑乾清宫、坤宁宫、御花园等都富有浓郁的生活气息，建筑多包括花园、书斋、馆榭、山石等，它们均自成院落。

整个故宫规模宏大，极为壮观。仅以宫殿的核心部分紫禁城为例，它东西长760米，南北长960米，占地72万多平方米。根据宫廷建筑的一般习惯，故宫也可以分作皇帝处理政务的外朝和皇帝起居的内廷两大部分。故宫中的乾清门，就是外朝和内廷之间的分界线。外朝以"三大殿"——太和殿、中和殿、保和殿为主，前有太和门，两侧有文华殿和武英殿两组宫殿。内廷以"后三宫"——乾清宫、交泰殿、坤宁宫为主，它的两侧是供嫔妃居住的东六宫和西六宫，

★ 故宫保和殿

也就是人们常说的"三宫六院"。故宫的这种总体布局，突出地体现了传统的封建礼制"前朝后寝"的制度。

整个故宫的设计思想更是突出地体现了封建帝王的权力和森严的封建等级制度。例如，主要建筑除严格对称地布置在中轴线上外，特别强调其中的"三大殿"，"三大殿"中又重点突出举行朝会大典的太和殿（俗称金銮殿）。为此，在总体布局上，"三大

殿"不仅占据了故宫中最主要的空间，而且它前面的广场面积达2.5公顷，有力地衬托出太和殿是整个宫城的主脑。再加上太和殿又位于高8米分作三层的汉白玉石殿基上，每层都有汉白玉石刻的栏杆围绕，并有三层石雕"御路"。等等这些，使太和殿显得更加威严无比，远望犹如神话中的琼宫仙阙，气象非凡。至于内廷及其他部分，由于它们从属于外朝，故布局比较紧凑。

当然，整个故宫建筑由于是为体现帝王的政治权力而服务的，因而不可避免的产生

古代建筑

严正而刻板的缺点,但是,从故宫建筑群的整个建筑艺术来说,它体现了我国古代建筑艺术的特殊风格和杰出成就,是世界上优秀的建筑群之一。而这一杰作,从明代永乐年间创建后,五百余年中,不断重建、改建,动用的人力和物力是难以估计的,真可谓"穷天下之力奉一人"。所以,这宏伟壮丽的故宫,是我国古代劳动人民智慧和血汗的结晶。

中国宫廷建筑的平面布局,具有简明的规律性。先以"间"为单位,构成单座建筑,再以单座建筑构成庭院,进而以庭院为单位,层层相接地组成规模宏大的建筑群。中国的建筑通常以长向为正面,大门位于正间中央,为了避免中心线落在柱上,除少数例外,建筑间数均采用单数。各间面阔一般是明间较宽或中央数间相等,而梢间、尽间较窄。这样安排使建筑物显得主次分明,整齐而有变化。单座建筑的平面布置,主要取决于屋主的社会地位、经济状况和个人需求三个方面。屋主的社会地位越高,经济实力越强,房屋的规模也就越大。如故宫太和殿,面阔11间,进深5间,是中国现存规模最大的单座建筑。

中国传统建筑的典型布局是主座朝南,左右对称。多组的建筑群的院落,一般是向纵深方向发展,院与院作行列式的排列,而一直行一连贯的院落总称"路",典型的巨大建筑群以"中路"为主,左右再发展出"东路"和"西路"。

所谓主座朝南，就指中路、东路、西路中主体建筑都是坐北朝南。这种布局是由中国的地理位置决定的。中国地处北回归线以北，太阳一年四季都从南方照耀。所以面向南方的布局也就面向太阳，这样比较便于采光。

★ 故宫中和殿

为了体现皇权的至高无上，表现以皇权为核心的等级观念，中国古代宫殿建筑采取严格的中轴对称的布局方式：中轴线上的建筑高大华丽，轴线两侧的建筑相对低小简单。所谓中轴对称，就是指东路和西路以中路为对称轴左右对称。这种布局源于儒家思想中的"礼制"观念，并与城市规划的平面组织充分结合，成为中国古代建筑的一大特色。

由于中国的礼制思想里包含着崇敬祖先、提倡孝道和重五谷、祭土地神的内容，中国宫殿的左前方通常设祖庙（也称太庙）供帝王祭拜祖先，右前方则设社稷坛供帝王祭祀土地神和粮食神（社为土地，稷为粮食），这种格局被称为"左祖右社"。古代宫殿建筑

物自身也被分为两部分，即"前朝后寝"："前朝"是帝王上朝治政、举行大典之处，"后寝"是皇帝与后妃们居住生活的所在。例如，北京故宫的中轴线延伸到宫城以外，形成长达8公里的中轴线，使得北京城中几乎所有重大建筑的布局都以它为基准。

总之，以上所述的间架制度和院落制度充分体现了中国古代建筑布局的秩序美，它是中国古代建筑艺术的精髓所在。

中国宫殿的台基屋身和屋顶

中国古代建筑的三分法（台基、屋身和屋顶）在很早以前就已经流行了。敦煌莫高窟里的古代壁画的宫室就是由台基、屋身和屋顶三个部分组成的。台基、屋身和屋顶这三个部分形式不同，作用不同，建造的材料也不同，因此它们之间的组合并不具有必然性。有的时候，这三个部分是可以独立发展，自成一体的。而且在建筑工艺方面，宫殿台基、屋身和屋顶也各有特征。

（1）台基。独立的台基就是"坛"。天坛、地坛等实际上就是一座独立的台基。高台也可以看作是台基独立发展而成的一种形式，只是它比一般的台基高大。屋顶如果独立

★北京天坛祈年殿

发展，就会形成亭、榭一类的建筑。台基发明之初，完全是为了防止住房被水淹没，只具有实用的功能。后来随着台基不断地加高加大，开始显现出一种庄严的外观。打起仗来，居高临下，也有利于防御。于是，新兴的奴隶主阶级就驱使大批奴隶为他们建造高大的台基，这时，台基就不再仅仅是一种防洪的措施了，而具有了显示权势和地位的含义。

最初的台基因为是土制的，所以很容易损坏，后来就用石材和砌砖来作保护。这一时期的台基，风格简朴，有一种古雅的美。六朝之后，随着佛教的大量输入，中国台基中最重要的一种形式——须弥座出现了。由于它非常适合于改造中国传统的台基，使之趋于美化，所以竟被完全吸收了进来。此后中国主要建筑物的台基，墙身、影壁的底座，甚至皇帝宝座的底座，无不采用须弥座这种形式。

除了基身以外，台基还包括两种必要的附属元素——台阶和栏杆。台阶和栏杆不仅具有实用的目的，而且在美化台基外形上也起着不可缺少的作用。栏杆以它复杂多变的线条，使台基的外形变得丰富起来；又以那些雕刻精致的吉祥图案，使每一根望柱都成了精美的艺术品。一层层的台基，一层层的栏杆，它们构成的形状千变万化、波澜壮阔。角度不同、方向各异的台阶，更以纵线条冲破横线条的层层垄断，从而使台基以上的部分与整个大地得以贯通，形成一个

浑然不可分割的整体。

　　台基除了立面形状多种多样，平面形状也是有不少变化的，有方形、矩形、工字形、三角形、梅花形、十字形、八角形等等。从中我们可以看到，中国古代建筑是"标准化"和"自由发展"两种方式同时并行的，既有一般，也有特殊，这可以算得上是发展建筑事业中的一些很好的历史经验。可惜的是，"自由创作"的面还是小了一些。尤其在宫廷建筑里，台基的平面形状更是被矩形、正方形所垄断，而"工"字形、"十"字形其实也不过是矩形的一种组合。缺少曲线和方向上的变化，必然导致僵硬、呆板，这不能不是宫殿建筑缺少生气的一大原因。但也正是单一、排比的形制，赋予宫廷建筑统一、威严的美，这种美不是阴柔的优雅与温和，而是阳刚的雄壮和威严。

　　（2）屋身。建筑在台基之上的，是屋身部分。世界上几乎所有建筑的立面构图重点都被放在屋身之中，正是屋身上那些优美的形状，和谐的节奏，杰出的雕塑，繁多的装饰，使建筑成为一件崇高的艺术品。然而，中国古代建筑却是个例外，它的构图重点不在屋身。中国古代建筑的屋身部分可以说是一笔带过，除了柱子、隔扇和墙壁以外，通常都没有什么花样。非但如此，屋身还尽量避免一些非功能性的装饰，以免妨碍使用效果。

　　（3）屋顶。中国古典建筑的屋顶在整个建筑中所占的

比重是非常大的，它的份量似乎只以压倒其余两个部分。难怪有人说："中国的建筑，就是一种屋顶设计的艺术。"这些屋顶以其庞大的体量，为中国宫殿建筑艺术增加了无穷的气势。中国传统建筑的屋顶有着众多的形式，而这些形式大都是从人字两面坡或四面坡的原理加以变化组合而形成的。

庑殿顶是中国最早的屋顶样式，后来成为古建筑单檐屋顶中最为尊贵的一种形式。庑殿顶前后左右成四坡，由四坡屋面及5条脊组成，正中为正脊，四角为垂脊。正脊两端的枢纽上多饰以龙形，此龙口含正脊，因此称作"正吻"（"吻"就是唇的意思）。垂脊的端部则饰以仙人、走兽、垂兽。走兽俗称"小跑"，它

的多寡按建筑等级一般采用单数，仅北京故宫太和殿用至第十个，等级最高。次一级的屋顶是歇山顶，它实际上是庑殿顶的一种变形。歇山顶的主要特征是在左右屋顶的坡面上多了一部分山墙，因此它比庑殿顶多出4条戗脊，加上原有的5条屋脊，一共是9条屋脊。所以歇山顶又可以称作九脊式。悬山顶和硬山顶是中国一般建筑中最常见的形式。它们同属于二面坡类型，区别在于：悬山顶的屋檐悬伸于山墙之外，而硬山顶的屋顶并不悬出山墙之外。

上面介绍的几种屋顶形式，具有一处共同的特点，就是都有一条正脊。而攒尖顶，却没有正脊，它的屋面呈现为一个锥体，屋面交汇的地方就

古代建筑

★ 重檐庑殿顶

只有一个点，这个点就是顶。依建筑物平面形状的不同，攒尖面又可分为圆攒尖、四角攒尖、八角攒尖等形式。在次要建筑物中，常将前后两坡的筒瓦在相交时做成圆形，而不采用正檐，这就形成了卷棚顶。

单檐建筑的进一步发展形式就是"重檐"。重檐是檐廊部分自成一个屋顶构造而成。庑殿顶、歇山顶、攒尖顶、都可以设计为重檐的形式。不管是哪种形式的屋顶，一旦加上重檐，都会变得更加华丽壮观，更加富有尊严。例如，故宫的太和殿，就是以重檐庑殿顶作为屋顶形式，而这种尊贵的屋顶形式，也只有地位极高的人物才能享用。

中国古代宗教建筑

进入唐朝尤其是元明时期，大量的来自波斯、阿拉伯世界及欧美的宗教开始涌入中国，并由此而带来了富有这些宗教文化与信念特征的文化艺术，其中建筑即是其中的代表，包括佛教建筑、伊斯兰教建筑、明教建筑、基督教建筑与天主教建筑等。随着这些宗教建筑涌入中国，诸如印度的犍为建筑艺术、巴拉克建筑艺术与哥特式建筑艺术等，均可在中国寻找到其踪迹。

中国古代佛教建筑

中国佛教建筑的主要表现形式有寺庙建筑、佛塔建筑、石窟建筑三种。寺庙是中国佛教建筑之一。这些建筑记载了中国封建社会文化的发展和宗教的兴衰，具有重要的历史价值和艺术价值。

（1）中国古代寺庙建筑。我国的寺庙建筑起源于印度的寺庙建筑，从北魏开始在中国兴盛起来。中国佛寺融合了中国特有的祭祀祖宗、天地的功能，仍然是平面方形、南北中轴线布局、对称稳重且整饬严谨的建筑群体。因为中国古人在建筑格局上有很深的阴

古代建筑

阳宇宙观和崇尚对称、秩序、稳定的审美心理。此外，园林式建筑格局的佛寺在中国也较普遍。这两种艺术格局使中国寺院既有典雅庄重的庙堂气氛，又极富自然情趣，且意境深远。

中国古代寺庙的布局大多是正面中路为山门，山门内左右分别为钟楼、鼓楼，正面是天王殿，殿内有四大金刚塑像，后面依次为大雄宝殿和藏经楼，僧房、斋堂则分列正中路左右两侧。大雄宝殿是佛寺中最重要、最庞大的建筑，"大雄"即为佛祖释加牟尼。隋唐以前的佛寺，一般在寺前或宅院中心造塔，隋唐以后，佛殿普遍代替了佛塔，寺庙内大都另辟塔院。中国古代富有代表性的寺庙建筑主要有：

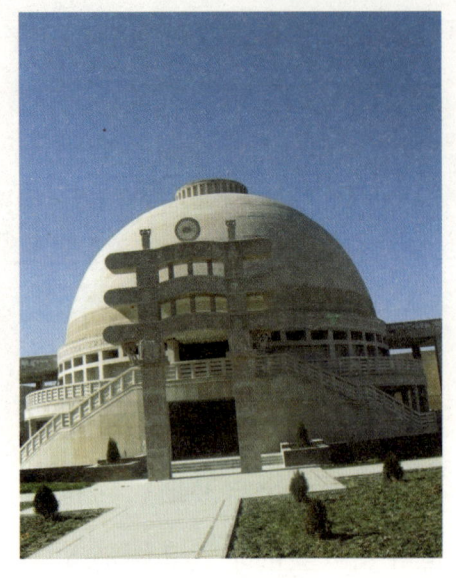

★洛阳白马寺

①洛阳白马寺

始建于汉朝的河南洛阳白马寺，是中国官方最早营建的佛寺。寺院呈长方形，占地约4万平方米。白马寺的兴建，有力地促进了佛教在中国及东亚、东南亚地区的发展。因此，白马寺至今仍是许多国家佛教徒朝拜的圣地。

②五台山佛教建筑

五台山是中国著名的佛教

圣地，山上保存的古代佛教建筑多达58处，其中较著名的寺庙建筑包括建于唐朝的南禅寺和佛光寺。南禅寺是中国现存最早的一座木结构寺庙建筑，佛光寺在建筑上荟萃了中国各个时期的建筑形式，寺内的建筑、塑像、壁画和墨迹被誉为"四绝"。

③恒山悬空寺

山西省境内北岳恒山悬空寺是一座凌空架起的寺院，上靠危岩，下临深谷，造型独特，是极为罕见的建筑。悬空寺位于浑源县城南3.5公里处的金龙峡谷西侧绝壁的山腰上，是中国现存唯一的建于悬崖上的木构建筑。始建于北魏时期，唐、金、明、清历代均有修葺。整个建筑面对恒山，背依翠屏，壁岩无阶，高楼仰止，是北岳恒山第一奇观。

④布达拉宫

喇嘛教是中国佛教的一派，喇嘛教寺庙建筑的特点是佛殿大、经堂高，建筑多依山势而筑。位于西藏拉萨的布达拉宫是典型的喇嘛教寺庙建筑。始建于唐代的布达拉宫经历代修缮增建，形成庞大的建筑群。整个宫殿建筑依山势叠砌，辉煌壮观，其建筑面积达2万多平方米，内有殿堂20多

★ 布达拉宫

古代建筑

个，正殿供奉着珍贵的释迦牟尼12岁时等身镀金铜像。布达拉宫具有典型的唐代建筑风格，也吸取了尼泊尔和印度的建筑艺术特色。此外，承德"外八庙"及北京雍和宫，也都是著名的喇嘛教建筑。

（2）中国古代佛塔建筑

中国佛教建筑中的佛塔建筑起源于印度，公元1世纪前后，随佛教传入中国。我国的古塔大都是属于宗教建筑，一般称佛塔。我国佛塔数量极大，分布极广，拔地突起，戟指蓝天，装点了祖国美好的山河。自佛教传入中国后，佛塔的建筑随之兴起。到北魏时期佛塔的建造已极为盛行，仅在洛阳就有上千座。目前，我国还有三千多座佛塔。它们是我国古代建筑的重要组成部分。

中国的佛塔在结构上和形式上同印度的佛塔已有很大的不同。它融合了民族的建筑艺术特点，主要是把中国原有的亭台楼阁建筑中的一些特点，运用到塔的建筑中，从而创造了具有中国特色的塔。我国的佛塔不仅能在塔内供佛像，有的还可以登临远眺。西安的大雁塔古今许多文人学士到那里登高赋诗，抒发情怀，留一下了大量名言佳句。唐代诗人岑参游大雁塔后吟诗，"塔势如涌出，孤高耸天宫。登临出世界，蹬通盘虚空。突兀压神州，峥嵘如鬼工。"精辟地概括了大雁塔的雄姿。

我国佛塔不同于诸如佛教的壁画、雕刻、佛曲等艺术形式，很少体现佛教象征主义、神秘主义的美学思想。我国佛

塔比例合适、结构精密、宏伟壮观、静穆安闲，给人以崇高的美感。我国佛塔还巧妙地与自然的景色相融合，以自身的挺拔英俊，对于佛寺组群和城市轮廓面貌都起到一定的装点作用，达到了艺术美和自然美交相辉映的审美境界。佛塔与自然景色高度统一的美学特性，使遍布于全国各地的佛塔成为风景美的点睛之笔。

（3）中国古代石窟建筑

中国佛教建筑中的石窟建筑实际上是僧房，是教徒们集会、诵经、修行的地方。石窟原是印度的一种佛教建筑，大都是僧侣们开凿的。我国的石窟是仿照印度的石窟开凿的，主要用来供奉佛和菩萨。我国最著名的石窟有敦煌的莫高窟，山西的云冈石窟，洛阳的龙门石窟，甘肃的麦积山石窟：

①敦煌莫高窟

敦煌莫高窟又称千佛洞，位于甘肃敦煌县城东南25公里的鸣沙山（即千佛山），是我国规模最大，内容最丰富的石窟群。据莫高窟唐代碑文记载，这里的第一个石窟，是前秦建元二年（公元366年）开凿的，以后各代均有所修建。莫高窟南北长1600多米，保存完好的洞窟多达492处，洞里的壁画总面积为4.5万平方米，彩塑2400多尊，所以，被称为"中国古代的美术馆"。以壁画和泥塑著称的莫高窟，建筑工程是伟大的，艺术是灿烂的，是世界艺术史上伟大的奇迹。

①麦积山石窟

麦积山石窟位于甘肃天水

古代建筑

★ 甘肃天水麦积山石窟

县东南45公里的麦积山上，开凿于北魏宣武帝景明年。麦积山石质松碎，不宜精凿，神像多为泥塑。在190多个洞窟中，保存有北魏以来的数以千计的精美塑像，风格清新秀丽，显示出人间的血肉气息。麦积山洞窟隐蔽在深僻的林区，避免了帝国主义的盗窃，因此比较好地保存了下来。

③山西云冈石窟

云冈石窟是北魏文成帝和平初年（公元5世纪60年代）开凿的，历经40年，这座巨大的艺术建筑工程才告竣工。云冈石窟以壮丽的石刻闻名于世，"雕饰奇伟，冠于一世"，这是古人对云冈石窟的赞美。云冈石窟现存洞窟53个，东西绵延约一公里，洞内大小佛像51000多个，是我国最大的石刻艺术宝库之一。

④洛阳龙门石窟

洛阳龙门石窟位于洛阳南龙门山上，龙门山为石灰

★ 洛阳龙门石窟

134

岩，为石窟大规模开凿创造了条件。龙门石窟是北魏孝文帝迁都洛阳后开凿的，现存窟龛2100多个，造像97000多尊。其中，宾阳中洞所刻的"帝后礼佛阁"是一件精美绝妙的艺术珍品。龙门石窟在建筑上同其他石窟不同，它多半是利用天然的溶洞，稍微做些扩展而成。龙门石窟从平面布局来看，大概可分为西山北部和西山南部两个部分。西山北部最著名的石窟建筑是"宾阳三洞"。这是三个连着的洞窟。洞窟内有11尊大佛像。其中释迦牟尼像高8.4米，是北魏中期的石雕杰作。

中国古代道教建筑

人类还在远古的时候，就有了一种自然产生的神灵崇拜的倾向。他们把一切自己不能理解，不能解释的现象都作为神灵加以供奉。比如，一棵树特别高大古老，人们就以为它能够庇佑一方；一块石头形状奇特古怪，人们就认为它能够镇邪消灾；河水泛滥，人们就以为是河神发怒；五谷丰登，人们就认为是神赐福。神灵崇拜是世界各民族共同有过的原始思维，在中国就发展成为神仙信仰。

（1）中国古代道教建筑起源发展。人们在古时候很相信在西方昆仑山上和东海之外的蓬莱三岛上，住着一批长生不死、逍遥自在的神仙。他们饮琼浆，吸甘露，食玉屑，服灵芝，住的是黄金宫殿，观的是奇花异草，他们风姿绰约，享受无期。总之，一切令世人梦寐以求的东西，他们都拥有

古代建筑

了。这当然不是实事，但这种独特的文化却影响了无数代人的生活。人们渴望接近仙人，但必须要通过一些被称作方士的人去请求，仙人才肯与凡人相见。传说方士都有一定的法术，他们有的是经过多年修炼，有的是经过仙人指点，所以他们本身就是世外高人。

从东汉开始，一些方士将原来飘缈的神仙信仰加以发展，形成了系统的理论和法术体系。最大的变化在于，他们宣称：天地有道，我命在我。意思是说，成仙之道是有的，但在靠自己去寻找。他们认为，追求现实之乐是天经地义的事情。道教修炼虽然有很高要求，但最基本的是循道养德。这就应该排除尘世俗务，正心诚意。因而最实的修炼者大都隐居深山老林，结草为庐，采果为食，仅求避风雨度饥寒而已。山中修炼者的茅草屋，便是后来道家宫观的前身。

宫，原本只是指宫殿。观，原本只是指城楼上可供登高眺望的堞楼。宫观也就是指宫廷之类的高大建筑群。由于这些建筑有些是为迎神请仙而建造的，所以宫观往往与朝廷的祭祀有关。山中隐居修炼的茅草屋，与宫、观之类的高大建筑本没有什么关系，它只是配合少量仪式，主要供静思、反省、斋戒、修行的场所，一般直接称呼为茅室、草屋，也有些称靖室、静室。据道书说，对这类茅草屋、靖室，也只要求独立不相连，清静无杂物，屋中也仅供奉香炉、香

灯、章案、书刀四件而已，很像书房。后来中国道教供奉神像和进行宗教活动的庙宇被称为宫、观、庙。道教建筑主要是庙宇建筑组群，宋以后也有极少数的石窟和塔。由于祭祀名山大川、土地城隍等神口的祠庙历来都由道士主持，所以许多这类祠庙也成为道教建筑。

道教起源于民间巫教和神仙方术，初步形成于东汉末年，本身没有成熟的宗教理论。南北朝佛教极盛，道教模仿佛教，宗教形态趋于完备。东汉后期，随着道教的形成，很多信奉道教的人都在家里设置了这样的靖室。后来地区性的道教组织出现，有些靖室发展为中心活动场所，便改称治、馆，以与实施设置的个人使用的靖室有所区别。

南北朝时，道教有了很大的发展，治、馆这类场所斋醮之类的仪式法事增多，也逐渐由民办转为官办，不少由深山迁入城市，成为修道、祀神、藏道经的专门场所，而这些场所往往修筑有专用的高坛和塑造了较多的神像，也有较多的讲道传戒活动，所以称治称馆者越来越多。在这一时期道教已成熟，道观群起成为当时迫切的需要。于是道教宫观在此情况下建立，形成第一次高潮。这一时期出现了道观，无论从哪一方面来看都更加正规。

隋唐时期道教的醮仪道场与宫廷的祭祀逐步合而为一，治、馆也因此而升格。宫观在这时候就成了道教场所的正式

古代建筑

★湖南衡阳九仙观

名称。隋唐时期建立的道观，数目多而且大，与原始神祠的种种联系逐渐疏远。北京白云观、湖南衡阳九仙观、福建崇安武夷宫等现存的这些著名道观，都是建立在此时。这个时期道观的规模、建筑艺术，都达到了一定的高度。道教奉老子李耳为先祖，上尊号为"太上玄元皇帝"，俗称"太上老君"，成为与佛教释迦牟尼同等地位的天神；同时，将历史的和传说中的人物，以及祠祀中的自然界神纳入道教神的统系，道教宫观供奉的内容得以和佛教寺院匹敌。唐朝命各州建佛寺，同时也建道观一所。唐长安城内有大道观10余所，其中著名的有玄宗之女金仙、玉真两公主出家为女冠的两道

观，还有位于城市中心大道旁，占地达一坊的玄都观。

宋元时期，道教最为兴盛，宫观的建立有了更大的发展、更大的规格与更严的制度。宋朝更重道教，宋真宗时，各主要祠庙都是道观，其中玉清昭应宫为天下最大最华丽的道观，有建筑2620间。这时出现的宫观，其规格，布局都有了定式。山西芮城永乐宫、河南开封延庆观、陕西长安太乙宫、云南昆明三清阁，都是这个时期兴起的著名的宫观。尤其是山东青岛崂山道教建筑的出现，更为此时兴建的道观增添了光彩。

唐宋以后，道教继续发展。金大定七年（1167年），王重阳创全真教派，其徒丘处机得成吉思汗礼遇，道教盛极一时。明朝时期，道观建筑最为兴盛。现存的许多宫观都是这个时期建立的，较为著名的有天津玉皇阁、宁夏平罗玉皇阁、湖北江陵太晕观、湖南长沙云麓宫，以及武当山道教建筑群的兴起，都是这个时期的辉煌成就。明清以后逐渐式微。清末以后，道观的建筑出现停顿状态。

★ 河南开封延庆观

古代建筑

（2）中国古代道教建筑类型。道教的许多宗教仪轨模仿佛教，所以道观建筑与佛寺基本相同，没有特别的宗教特征。如佛寺山门设两金刚力士，道观设龙虎神像；佛寺天王殿设4天王，道观设4值功曹像；佛寺大雄宝殿供三世佛，道观三清殿供老子一气化三清像；佛寺有戒坛、转轮藏，道观也有同类建筑等。但道观中没有佛寺中某些特殊的建筑，如大佛阁、五百罗汉堂、金刚宝座塔等。

除上述的建筑特色之外，道观中的塑像与壁画的题材多为世俗常见，建筑风格也比较接近世俗建筑，因此它的宗教气氛不如佛寺浓厚。

道观的布局与佛寺相类，其中主要建筑物包括：照壁、山门、牌坊、玉皇殿、钟鼓楼、志律堂、邱祖殿、三清阁、四御殿等。由于寺观内的宗教活动与民间世俗生活密切相关，所以寺观建筑日益具有公共建筑的性质，而不仅仅局限于道士们、佛教徒的活动、居住场所。

现存中国古代的寺观为数较多，而现存道教宫观大部分为明清时重建，早期遗物很少。重要的有：苏州城内玄妙观大殿，北宋创建，南宋淳熙六年（1179年）重建，面阔9间，进深6间，重檐九脊顶，规模巨大，从中可见宋代道观的一般规模；云台观，宋代始建，明代重建，清代修葺，在四川三台南约50公里处云台山。五皇观在山西长治城南南宋村，建筑年代早于元，后世均有修

茸；白衣观，在湖南通道侗族自治县播阳，建于清乾隆二十四年（1759年）。此寺观与众不同，即纯木结构，平面八角形，立面5层，高18米，原各层均置神龛，檐脊有堆塑龙凤阁饰，卷角处作象鼻形。有旋梯盘绕至顶层。此制在道观中较为罕见。

福建莆田县玄妙观，始创于唐，后代多次重修，现存建筑不迟于宋；山西永济县的永乐宫，始建于唐代，元中统三年（1262年）重建，现存有4座大殿等主要建筑，较完整地保留了元代建筑的风貌，后因黄河水利工程于1958年迁至芮城县；晋城府城村玉皇庙，也尚存一部分宋元建筑，其中28宿塑像，造型生动，技法纯熟，是元代泥塑的精品。

明清遗留的著名道观较多，如北京白云观，江西贵溪县龙虎山正一观，陕西周至县秦岭北麓楼台观，四川成都青

★ 四川成都青羊宫

羊宫等，都很著名。山林道观也有许多艺术水平较高的遗物，最著名的有青城山、崂山和武当山等。青城山在四川省灌县西南面，为道教发祥地之一，历代道观林立，现尚存38处；崂山在山东省青岛市以东临海处，山多奇岩怪石，现存大中型道观10余处；武当山在湖北省西北部，历代均为道教名山，宫观规模巨大，主峰金

古代建筑

殿与紫金城尤为华贵。山林道观多结合奇秀险怪的山形地势建造,不仅本身空间灵活,造型优美,而且构成了大面积的环境艺术。

山西太原晋祠,位于太原西南悬瓮山下,原来侍奉春秋时晋侯的始祖叔虞,故称晋祠。现有建筑除圣母殿、飞梁是北宋,献殿是金代以外,都建于明清。晋祠主要的建筑圣母殿始建于北宋天圣间(1023—1031年),崇宁元年(1102年)重修。正面朝东,面阔七间,进深六间(实际是殿身面阔五间、进深四间加副阶周匝)。重檐九脊殿顶。平面中减去殿身的前檐柱,使前廊深达二间;内柱除前金柱外全部不用。前檐副阶柱身施蟠龙,柱有显著侧脚和升起。殿内有塑像43尊,其中宋塑41尊,尤以33尊侍女像为佳妙,姿态秀丽生动,是我国古代艺术的杰作。位于圣母殿前方形鱼沼池上的十字形飞梁,结构是先在水中立石柱,柱上置斗拱、梁木,再覆以砖。根据斗拱、石柱和覆盆莲瓣石础的形制,应是宋代遗物。

山西芮城永乐宫,原在山西永济县永乐镇,是在唐代吕公祠原址上重建的大纯阳万寿宫的主要部分,建于元中统三年(公元1262年)。现因修筑黄河水库工程,已将这组建筑迁到芮城。主要建筑沿纵向中轴线排列,有山门、龙虎殿(无极门)、三清殿、纯阳殿、重阳殿和丘祖殿。是一组保存得较完整的元代建筑。三清殿是宫中主殿,面阔七间,

34米，进深四间，21米，单檐四阿顶平面中减柱甚多，仅余中央三间的中柱和后金柱。檐柱有升起及侧脚，檐口及正脊都呈曲线。殿前有月台二重，踏步两侧仍保持象眼做法。殿身除前檐中央五间及后檐明间开门外，都用实墙封闭。殿内壁画绘三百六十值日神，线条生动流畅，与纯阳殿（混成殿）、重阳殿（七真殿）内的元代壁画同为我国古代艺术中的瑰宝。

中国古代伊斯兰教建筑

在古代中国，除了佛教和道教以外，还有伊斯兰教。伊斯兰教也是从外国传入的。据一些书上说，它是唐高宗永徽二年（公元651年）传到中国来的。传入中国以后，先后为回、维吾尔、撒拉等民族所信仰。伊斯兰教众先后在各地建造了伊斯兰教活动场所。中国伊斯兰教的宗教建筑，包括礼拜寺（清真寺）、教经堂、教长墓等几个类型。以清真寺为主，清真寺也称清净寺、礼拜寺。中国古代也称回回堂，是伊斯兰教进行宗教活动的场所。

中国伊斯兰教建筑有两大体系：一是以广大内地的回族为主的礼拜寺和教长墓（拱北）为代表；二是以维吾尔族为主的礼拜寺和陵墓（玛札）

★ 中国古代伊斯兰教建筑——清真寺

古代建筑

为代表。因宗教需要，一般礼拜寺由礼拜殿（祈祷堂）、唤醒楼（拜克楼）、浴室、教长室、经学校、大门等建筑组成。唤醒楼即中亚礼拜寺中的密那楼（Minaret），原是塔形，称密那塔，或按波斯语称帮克塔，为呼唤教民作礼拜的建筑，因为体形高耸，也成了伊斯兰教特有的标志。礼拜殿一定要坐西朝东，这是为使教民做礼拜时面向西方的麦加。寺内装饰不用动物题材，而用几何形、植物花纹及阿拉伯文字的图案。

早期的伊斯兰教建筑，深受中亚建筑的影响，直接采用中亚建筑的风格。自伊斯兰教传入中国后，逐渐形成中国清真寺建筑特有的结构体系和艺术风貌。清真寺建筑，从外表看，不少都是尖塔圆顶，这是阿拉伯式的建筑式样。清真寺内没有供奉的佛像。从建筑的装饰上说，它多半用的是几何花纹图案，或者是用文字作图案。如福建省泉州市的清净寺，用灰绿色砂石砌筑高大的穹窿顶尖拱门，礼拜殿横向布置，窗户无装饰，内部有尖拱型壁龛，用阿拉伯文的铭刻等，风格与中亚建筑相似。浙江省杭州市的凤凰寺，建于宋元时期，后经多次重修，礼拜殿内有3个半球形穹窿顶，入口大门用圆拱，两边有小尖塔，显然受到阿拉伯建筑的影响。但3个穹窿顶上面覆盖着传统的八角、六角攒尖瓦顶，说明它又接受了中国传统的建筑形式。

明代初年，内地的伊斯兰

★浙江杭州凤凰寺

教建筑从总体布局到单座建筑的形体、结构、用料，均已大量融进甚至接受当地的传统，如讲究纵轴对称，采用院落布置，增加影壁、牌坊、碑亭、香炉等建筑小品。礼拜殿是主体建筑，体量最大，布置在中轴的最后面，内部空间纵深，用传统的木构架，屋顶用2或3个勾连搭。唤醒楼也做成传统多层楼阁形式。在建筑内部，特别是礼拜殿内部，则采用尖拱，以阿拉伯文、几何形或植物纹加以装饰。

中国古代的清真寺建筑，比较著名的有福建泉州的清净寺、广州的怀圣寺、新疆库车的清真寺、西安的化觉巷清真寺、杭州的真教寺、北京牛街的清真寺等。泉州的清净寺，建于公元1009年，正是我国历史上的北宋时期。建在泉州市涂门街街北，是一座青白色花岗岩建造的寺宇。从建筑上

古代建筑

看，可以分为3个部分：寺门、奉天坛、明善堂。寺门高20米，宽4.5米。寺的外墙、门框和门楣，全是用青色的花岗岩砌的。奉天坛在寺的西边，门顶是尖拱形，门楣上刻有古阿拉伯文字。明善堂是一座中国式的砖木结构建筑。大门两边是厢房，中间是一个天井。天井的左右两边是走廊。可见泉州清真寺的建筑，即体现了伊斯兰教的艺术风格，有些结构又带有浓厚的中国古建筑的特点。

中国的清真寺建筑，几乎遍及全国各地，尤其是回族、维吾尔族人聚居的地区比较多。新疆地区的伊斯兰教建筑，结合当地原有的木柱密梁平顶和土坯拱及穹窿顶的结构方式，又吸取中亚的某些手法，而创造出布局自由灵活，装饰和色彩都很丰富的地区民族风格。如建筑布局虽为院落式，但总体无明确轴线，比较灵活。礼拜殿是横宽形，有后殿（冬季用）和前廊（夏季用）之分，多使用拱券、穹窿顶和尖塔，墙面或穹窿顶多贴蓝绿色琉璃砖。内部多用石膏花饰，木梁柱上施雕饰，密肋顶棚绘彩画，装饰题材为几何图案及卷草花纹或葡萄花卉等。

比较著名的伊斯兰教古建筑苏公塔位于吐鲁番市东郊2公里，是一座造型新颖别致的伊斯兰教古塔。苏公塔建成于1778年，是清朝名将吐鲁番郡王额敏和卓的次子苏来满，为纪念其父的功绩，表达对清朝的忠诚建成的。苏公塔门入

★伊斯兰教古建筑——苏公塔

口处，有两块阴刻石碑，分别用维吾尔文和汉文记述了建塔的目的。苏公塔高44米，基部直径10米。塔身上小下大呈圆柱形。塔中心有一立柱，72级台阶呈螺旋形依中心立柱向上逐渐内收，塔顶有一穹窿顶望室，四面有窗，登高四顾，北面的天山、火焰山、葡萄沟，西面的吐鲁番市民舍，一览无余，尽收眼底。塔系砖木结构，在不同方向和高度，留有14个长孔窗口，用以采光通风。塔身外部几何形图案有15处之多，是维吾尔族建筑艺术的精华。

与苏公塔紧相毗连的伊斯兰教清真寺，土木结构，占地2500平方米，气势雄伟，规模宏大，是新疆境内最大的伊斯兰教礼拜寺之一，每次可同时容纳上千人做乃玛孜。寺高约10米，为拱型穹窿顶，四面有窗，可极目远眺。寺院南、北两面各有20个拱顶相连，由清代维吾尔建筑师伊布拉音设计建造。

147

中国古代城市与桥梁建筑

从古代文献记载，中国古代建筑在平面布局方面有一种简明的组织规律，这就是每一处住宅、宫殿、官衙、寺庙等建筑，都是由若干单座建筑和一些围廊、围墙之类环绕成一个个庭院而组成的。一般地说，多数庭院都是前后串连起来，通过前院到达后院，这是中国封建社会"长幼有序，内外有别"的思想意识的产物。家中主要人物，或者应和外界隔绝的人物（如贵族家庭的少女），就往往生活在离外门很远的庭院里。宋朝欧阳修《蝶恋花》词中有"庭院深深深几许"的字句，古人也常以"侯门深似海"形容大官僚的居处，就都形象地说明了中国建筑在布局上的重要特征。说到布局，除了上述的诸如皇家宫殿建筑群、贵族私家住宅建筑群等需要注重建筑的空间布局之外，中国古代的城市尤其是京城的布局，也是十分讲究的。中国古代城市建筑是指中国古代城市环境和城市的整体构图，它鲜明地反映了中国古代社会和思想状态及其变化，体现了建筑工匠们驾驭城市建

筑全局的卓越能力，是中国古代建筑艺术的重要组成部分。另外，桥梁建筑在沟通地理空间、连接道路交通、适应水网发达地区的人们出行，以及用于点缀城市巷道、装饰园林景观等活动中，均具有其独到的功能。

中国古代城市建筑概述

　　中国古代城市建筑是指中国古代城市环境和城市的整体构图，它鲜明地反映了中国古代社会和思想状态及其变化，体现了建筑工匠们驾驭城市建筑全局的卓越能力，是中国古代建筑艺术的重要组成部分。奴隶社会的产生，促使新石器时代原始村落加快了城市化的步伐，在此基础上产生了保卫奴隶主的城堡，随之加进了商品交易的内容，即为城市。河南淮阳平粮台城址是中国已发现的最早城址，距今约4300余年，当属于夏朝所建。已发掘的筑有城墙的商城有河南郑州和湖北黄陂盘龙城，它们都轮廓方正；盘龙城宫殿区在城内东北高亢处，轴线南对城门，显然已有了艺术上关于对位的考虑。

　　春秋战国城址已发掘的如齐临淄、燕下都、赵邯郸等，它们都有城、郭之分，都有夯土城垣。城在郭的一角，为王宫所在，占据高地，在夯土高台上建造宫殿；郭内主要居住平民，城市外廓不十分规整，体现了法家提出的因地制宜的规划思想。据《考工记》的记述，当时还有一种严格规整对称，"左祖右社，前朝后市"的王城布局方式，反映了儒家

古代建筑

的礼法观念。

秦都咸阳仅知是在北部高原布置宫殿，南临渭河，河南有规模宏大的阿房宫。汉长安是沿已建成的宫殿和河岸筑城，仍不规整，在南部高地上置宫，北部为市和居民闾里，西汉末在城南近郊建礼制建筑群，可能已受到了周礼的影响。长安的宫城已不是附在郭的一角而是套在郭城以内。随着封建国家中央集权制的不断加强，规整布局逐渐成为都城规划的主流，汉洛阳城有南北二宫形成轴线，城郭周正，已较为对称。

★ 秦咸阳城遗址咸阳宫局部复原图

东汉末年曹操为魏王营造的邺城，城为东西横长矩形，以东西向大街为横轴，分城为南北二部，北为宫殿苑囿，南为居民闾里和衙署，从南墙正中向北的大街正对朝会宫殿，与横轴丁字相交，是城市纵轴。全城规整对称，秩序井然，分区明确。此后南朝建康、北魏洛阳（北魏）、隋唐长安和洛阳基本上都沿用了这个方式并有所发展。建康和洛阳随着城市的发展，还出现了郭城、内城和宫城三城相套的方式，隋唐则总结为郭城、皇城和宫城相套的组合，皇城北部为宫城，南部只列衙署和祖、社，分区更加明确。

隋唐长安的东西二市在皇城之南分列左右，城市突出了皇宫的构图中心地位。皇宫与城周的城楼和城内寺塔取得呼应。隋唐洛阳纵轴北通邙山，南望伊阙，考虑了与大范围环境的结合，但纵轴偏在西侧，全城东西不完全对称，可以认为是长安的变体。长安城的规划对于当时国内地方政权的都城以至日本的都城都产生过很大影响，黑龙江渤海国的上京和东京，日本的平城京和平安京都是模仿长安城建设的。可能从周代开始就已实行的闾里制度，唐代称为里坊或坊，是在城市街道网形成的方格里建造方形土墙，设坊门，一般居民住宅只向坊内开门，实行宵禁，城市街景比较单调，市场集中设置在城内指定的少数坊内。

北宋京城汴梁（今河南开封）是在唐汴州州城的基础上

古代建筑

★浙江杭州钱塘江

改建而成的,也有郭城、内城和宫城三城相套及全城的纵横两轴。由于商品经济的发展,街道面貌发生了很大改变,许多街道沿水路交通线伸展,不很平直,里坊制取消了,店肆居宅都可向街开门,建筑也更密集,它与前代的最大区别是就原州衙改建的宫城不在全城的北部而接近正中,并且城市面貌已不像唐代那样庄重,更多的是世俗和繁华。汴梁内城也杂处居宅,不像唐代的皇城只列衙署祖社,这是由于改建前内城中已有居民的原因。汴梁在宫城正门与内城正门之间规划的丁字形宫前广场是北宋的重要创造,它丰富了宫殿的空间系列和全城的构图内容。南宋临安(今浙江杭州)也是就原有州城改建的,更加繁华,宫殿在城市南部,规模较小,城市外廓随钱塘江和西湖蜿蜒,甚不规整。宋代另一重

要城市平江（今苏州），富于江南水乡城市的特色。

辽、金都各有几座都城，其主要代表是在辽南京的基础上扩建的金中都，它几乎全部模仿汴梁而又规整过之，在位居全城中心的宫城前接建皇城，皇城内不列居宅；在宫城正门与皇城正门之间也有丁字形宫前广场，宫城之北有辽代建造的天宁寺高塔，是城市空间系列组织中的一个有机部分。元大都在金中都东北（即今北京市北部），是参照中都并有意识地依据《考工记》的记述进行规划的，前朝后市，左祖右社，其宫前广场从宫城正门穿过皇城正门抵达都城正门，为前后串连的两个，气势更大。在皇城之北中轴线附近建鼓楼钟楼，也是全城构图的有机部分。

现存古代地方城市大多为明清所遗，北方多平原，城市常取方正格局，以十字街或丁字街为骨架，在交点上常建鼓楼，鼓楼以北或其附近是衙署，如西安、酒泉、兰州、大同、太谷（见太谷城）等；南方多丘陵水道，城市顺山势河岸发展，不十分规整，如巴县（今四川重庆）、泉州、衡阳等。明清北京城继承了元大都的规划并更加紧凑，在北部的内城之南接建外城，城市中轴线长达7.5公里，全城规整方正的格局和中轴线上的系列处理使北京城市的建筑艺术达到了封建社会的高峰。

总的来说，由于遵循着"左祖右社，前朝后市"，以皇城为中心，进而向四周延展

古代建筑

的基本布局理念，使得中国古代的京城、陪都及其他城市大都以皇宫或衙署为统率中心，力求规整对称，以鲜明的理性逻辑秩序体现了封建社会的政治思想。总之，中国古代城市在突出主体，重视城市的有机整体性及与大环境的关系，在平面和主体的构图处理以及色彩的有机构成上，都取得了卓越的成就并富有鲜明的民族色彩，是中国古代建筑艺术的重要遗产。

中国古代桥梁常见形式

我国幅员辽阔，地形东南低而西北高，河道纵横交错，有著名的长江、黄河和珠江等流域，这里孕育了中华民族，创造了灿烂的华夏文化。我国桥梁建筑的历史相当久远，有人认为，我国桥梁建筑的历史至少有三千多年。我国古代桥梁建筑中，有不少都是世界性的创举。其中有许多桥经历了千百年的考验，至今仍然坚固完好。这说明我国古代桥梁建筑技术已达到相当高的水平。中国古代桥梁的辉煌成就举世瞩目，在东西方桥梁发展史中，占有崇高的地位，为世人所公认。

在历史的长河中，中华民族建设了数以千万计的桥梁，成为华夏文化的重要组成部分。桥梁建筑是我国古建筑中的重要内容。千百年来，我们的祖先为了战胜大自然设置的交通障碍，用自己的聪明才智和艰苦的劳动，在江河上架设了无数座千姿百态的桥，不仅便利了交通，而且装点了祖国的山河。一般来说，中国古

代桥梁的类型主要有梁、拱、索、浮等。下面我们就对于中国古代桥梁的一些常见的形式加以叙述，以便于读者了解、掌握中国古代的桥梁建筑概况。

（1）梁桥。我国历史上最早记载的梁桥为钜桥，桥建于商代（公元前16至前11世纪）。周武王伐纣，克商都朝歌（今河北曲周县东北），发钜桥头积粟，以赈济贫民。自周代以迄秦汉，中国多造石柱、木梁桥。宋代建造为数众多的石墩、石梁桥。200多年间，仅泉州一地，见于古籍的桥梁就有110座，其中名桥10座。如安平桥有362孔，桥长5里，故又名五里桥（现桥长2100米），保持了700余年的桥长记录。桥始建于宋，绍兴八年（公元1138年），成于绍兴二十一年（公元1151年），历时13年。

又如泉州万安桥，俗称洛阳桥，共有47孔，建于洛阳江入海口，桥总长约890米，桥宽3.7米。桥始建于宋，皇佑五年（公元1053年），完成于宋，嘉裕四年（公元1059年）。福建漳州江东桥的石梁最为巨大。该桥于宋·嘉熙元年

★ 浙江杭州钱塘江

155

古代建筑

（公元1237年）由木梁桥改为石梁桥，计有15孔，每孔三片石梁。石桥现存5孔，其中最大的石梁长23.7米，宽1.7米，高1.9米，重量达200吨。这样巨大的石梁，在没有重型起重设备的古时，其采、运、安装等工作都是十分艰巨的。

不论木梁或石梁，为了加长桥跨，采用了多层并列梁，由下向上逐层外挑的方法，以支承中部的简支梁。在当时石梁称为叠涩；木梁称飞桥或称握桥，即为伸臂梁桥。木伸臂梁在公元4世纪时已有记载。石桥叠涩，出檐不远；木桥伸臂达到20米。现存清代重修的甘肃文县阴平桥为单孔木伸臂桥，桥跨达60余米，桥上建有桥屋。木梁桥上一般建有桥屋或桥廊，侗族风雨桥就是一种桥屋。广西三江侗族自治县的程阳永济桥，是一座4孔5墩的木伸臂桥屋，全长644米，建于1916年，5座墩台上均有桥亭，用桥廊把桥亭相互贯通。桥亭起着重力平衡作用，把装饰与功能有机结合在一起。

（2）拱桥。世界上对拱结构的起源众说不一：或认为起源于自然界溶洞天然拱；或认为起自崩落的堆石拱；或认为由于砌墙开洞，逐渐由"假拱"演变而成。在中国，从墓葬结构及仅存实物，显示出拱是由梁与侧柱逐渐演变为三、五、七等折边拱，然后演变为圆拱。跨度亦由小变大，由2～3米而到达净跨37.02米，并保持了千余年的世界记录。中国现存最早，并且保存良好的是隋代赵州安济桥，又称赵州

中外文化艺术大讲堂

★赵州桥

桥。

赵州安济桥为敞间圆弧石拱，拱券并列28道，净跨37.02米，矢高7.23米，上狭下宽总宽9米。主拱券等厚1.03米，主拱券上有护拱石。在主拱券上两侧，各开两个净跨分别为3.8米和2.85米的小拱，以渲泄拱水，减轻自重。桥面呈弧形，栏槛望柱，雕刻着龙兽，神采飞扬。这种桥型结构又比灞桥进了一步。它是我国现存年代最早的一座单孔石拱桥。赵州桥建于隋朝大业初年，是杰出的工匠李春、李通设计建造的，距今已有1380多年的历史了。赵州桥之所以名扬中外，主要是它造型美观，设计和建造具有较高的科学性。从建造技术上说，最大的特点是跨度

古代建筑

大、桥拱底。由于工匠的精心设计和独到的技术，这座桥至今坚固完好。这在世界桥梁建筑史上也是一个创举。赵州桥的建造成功，为我国古代文明赢得了荣誉。

中国石拱因南北河道性质及陆上运输工具不同，所以改造不同。北方大多为平桥（或平坡桥），实腹厚墩厚拱。南方水网地区则为驼峰式薄墩薄拱。北京宛平卢沟桥在北京广安门外30里，跨永定河。桥始建于金·大定二十八年（公元1188年），完工于金代明昌三年（公元1192年）。桥全长212.2米，共11孔，净跨不等，自11.4米至13.45米，桥宽9.3米。墩宽自6.5米至7.9米。拱券接近半圆形。桥墩迎水面有尖端镶有三角铁柱的分水尖，背水面为削角方形。桥面上石

★北京宛平卢沟桥

栏杆共269间，各望柱头上，雕刻有石狮。金代原物简单统一，自后历朝改换，制作精良，石狮形态各异，且有诸多小狮，怀抱背负，足抚口嚼，趣味横生。

南方江浙一带水网地区，以舟行为主。潮汐河流，软土地基，因此即使是石拱桥亦尽量减轻重量建造为薄墩薄拱。桥孔自单孔多到85孔（江苏吴江垂虹桥，已塌，尚存残孔8孔）。薄拱的拱厚最小仅拱跨的1/66.7，而一般拱厚则为1/20左右。唐代诗人张继在《枫桥夜泊》名诗中写到的枫桥（清代重建）也是薄拱的。

薄墩之薄，相邻两拱券拱石相接，特别是三拱薄墩桥，中孔大、边孔小，两岸以踏步上桥。桥成驼峰形，造型美观。如浙江杭州拱宸桥创建于明代崇祯四年（公元1631年），清朝光绪十一年（公元1885年）重建。中孔净跨15.8米，两边孔各为11.9米。拱券石厚30厘米，为拱跨的1/52.7和1/39.7。中墩厚约1米，合大孔的1/15.8。

现存最长的多孔薄拱薄墩连拱为江苏苏州宝带桥。桥始建于唐，历代多次重修，现存桥共计53孔，全长316.8米，中

★ 江苏苏州宝带桥

间有3孔隆起以通船只，桥宽4.1米。桥头建有石狮、石亭、石塔。瑰丽多姿的宝带桥共53个桥孔，与水中成半圈的倒影上下交映，别具佳趣。中国古典园林中亦常见石拱桥，既起交通引路作用，更与园林景色有机结合，或是主景，或是衬景。如扬州瘦西湖中的五亭桥（又名莲花桥）就是佳作。

中国的木拱桥肇始自宋。宋代张择端的《清明上河图》，在画面高峰处有都城汴京（现河南开封）跨汴水的一座木拱桥，名为虹桥。为了漕运，水中无桥墩，桥采用了宋明道年间（公元1032—1033年）有一守卒子发明的"贯木"架桥，即大木穿插叠架为木拱。虹桥桥跨约18.5米，拱矢约4.2米，桥面总宽9.6米。桥毁于金元之际，几百年来一直认为已是绝唱。

近年来的调查研究发现，随着北宋南迁，在今浙江、福建山区中有数十座古木拱桥，结构与虹桥相类似且有所改进，桥跨增加到35米左右。如浙江云和梅崇桥，桥建于清嘉庆七年（公元1802年）。又如浙江泰顺县的泗溪溪东桥。桥长41.7米，跨径25.7米，矢高5.85米，桥宽4.86米。桥上建有美丽的廊屋，为了保护木料，两侧钉有蓑衣式木板。该桥始建于明隆庆四年（公元1570年）。虹桥等木拱结构为中国所独创，尚有其他别致的结构形式的竹木拱桥，亦与世界同类桥梁有异。

（3）索桥。索桥的索有藤、竹、皮绳和铁链等几种。

中外文化艺术大讲堂

历史记载，公元前285年便有笮桥（竹索桥）。秦代李冰蜀守于益州（今成都）造了7座桥，其中一座是竹索桥。铁索桥传说起自汉初，西汉大将樊哙在陕西褒城县（今留坝县）古栈道上建成的樊河桥，或许就是铁索桥。有确切记载的横江铁锁（即铁索），是西晋伐吴时吴守将用铁锁多道，横截长江三峡的西陵峡口以挡舟师。

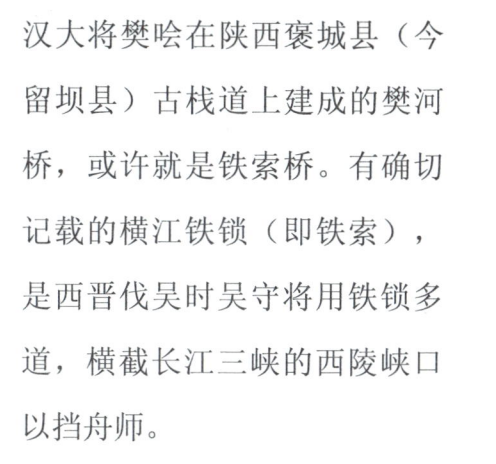

云南永平县霁虹桥，跨澜沧江，是中国现存最古、最宽、铁索最多的铁索桥，桥净跨57.3米，全长113.4米，桥宽约4.1米。桥底有索16根，左右栏杆索共两根，桥位于通往印度、缅甸的千年古道上。四川

★云南永平县霁虹桥

泸定铁索桥，跨越大渡河，位于川、藏要道，是铁索桥中现存制作最精良的一座。桥始建于清康熙四十四年（公元1705年），次年完成。桥净跨100米，桥宽2.8米，上铺木板。底索9根，每根索长约128米，两侧各有两根栏杆索，由四川善于制作铁索桥的天全州修建。两岸石砌桥台，用台身自重来平衡铁索的拉力。

另外，比较具有特色的是跨在广东省韩江上的广济桥

古代建筑

是一座美丽宽阔的古桥,简称"湘桥"。它始建于宋代绍熙年间,共花费16年才建成。广济桥是一座梁桥和浮桥相结合的开合式桥梁。它有石墩、石梁的桥面,也有在木船上搭板的桥面。东西两头是石梁桥,中间是浮桥,这是广济桥一大特色。广济桥另一个特点是桥身长,桥面宽,整个桥身的长度为517.95米,宽约5米,广济桥作为一座多结构的开合桥,是我国桥梁建筑中独一无二的。

中国古代墙垣与陵墓建筑

古代战争都是用刀、枪、剑、戟等冷兵器进行搏杀，这使得诸如盾牌、城墙、障碍物等成为保护战斗方的重要屏护。从安全防护角度来说，中国古城墙就是为了阻止敌人的侵犯的。一旦发生战争，凭城拒敌，进可攻，退可守，居高临下，对保卫城地安全十分有利。古城池对现代旅游者具有极大的吸引力。因为人类久远的历史对现代人具有特殊的魅力，它可以唤起人们寻奇访古之情，而古城可以激起旅游者的思古怀古的感情。另外，陵墓建筑是中国古代建筑的重要组成部分，也是中国古建筑中最宏伟、最庞大的建筑群之一。这些陵墓建筑，一般都是利用自然地形，靠山而建；也有少数建造在平原上。中国古代埋葬帝王、后妃的坟墓和祭祀建筑群。陵墓与宫殿、坛庙一样，都属于政治性很强的大型纪念建筑，体现了中国社会处于奴隶制、封建制王朝时代的政治制度和伦理观念。

中国古代墙垣建筑

古代战争都是用刀、枪、剑、戟等兵器，古城墙就是为

古代建筑

了阻止敌人的侵犯的。一旦发生战争,凭城拒敌,进可攻,退可守,居高临下,对保卫城地安全十分有利。古城池对现代旅游者具有极大的吸引力。因为人类久远的历史对现代人具有特殊的魅力,它可以唤起人们寻奇访古之情,而古城可以激起旅游者的思古怀古的感情。中国古城一般都筑有城墙,城墙外有护城河(或叫护城壕)有的城内还有皇城、宫城、内城,有的还有外城。

中国古代围绕城市的城墙。其广义还包括城门、城楼、角楼、马面和瓮城。最早的城墙遗址发现于河南淮阳平粮台和登封王城岗,属龙山文化,当时可能已进入了奴隶社会。以后直到封建社会结束,各地城市绝大多数都建有城墙。城门和城墙转角处的墙体常加厚,称为城台和角台,其上的建筑称城楼和角楼。马面是城外附城而筑的一座座墩台,战时便于夹击攻城敌人,有时在城门外三面包筑小城,以加强城门处的防卫,称为瓮城。

我国古代的城墙早在商朝初期就出现了。那时候的城

★ 瓮城

★江苏常州武进县境内的淹城

墙，都是用夯土法筑成的。城墙上面窄，下面宽，成梯形的横断面。位于江苏武进县境内的"淹城"是我国目前保留最古老、最完整的城墙建筑，相传是商末周初的遗迹。唐代的都城是长安（今西安）长安古城由三重城墙组成，即外城、皇城和宫城，布局完整。但该城已于唐末战争中付之一炬了。旅游者目今所见之西安城墙是明洪武三年至十一年（公元1370—1378年）所建。该城墙是夯土筑成，底宽18米，顶宽14米，高12米，高大厚重，异常坚固。

古代城墙多为土筑，仅在城台、城角表面包砖，宋元时由于火炮的应用，才逐渐在全部城垣外表包砖，明代各大小

165

古代建筑

城市均普遍包砖。湖南长沙马王堆西汉墓出土的守备图所画箭道城,已表现了城楼、角楼和马面。敦煌莫高窟壁画由北朝至唐宋,都画出了大量城垣形象。现存比较完整的城垣为西安和南京,均建于明初。

城台、城楼和角台、角楼建在城垣的关键部位,具有军事防卫的意义,但它们的平面突出在城墙以外,体型高耸在城墙以上,打破了大段平直城墙的单调,所以也具有审美意义。它们是城垣重点艺术处理部位,木结构的城楼、角楼与砖或土筑的城墙形成了形象、色彩、材料和处理手法的丰富对比。它们的高大体量更引人注意,是城内外周围环境的构图中心和大街的对景。

城门洞的形制在南北朝以前主要是方首,用单层木过梁;唐宋至元时洞顶呈中平边斜的三折形,木过梁为上下两层,可见于敦煌壁画和宋代卷轴画,如张择端的《清明上河图》等;明清以后门洞普遍用砖砌筑,成半圆拱形。古代主要城门常有3个门洞,唐长安城南墙正门明德门有5个门洞。由于门洞数的加多,城台和城楼也随之加大加高,从而更为雄伟,增强了磅礴气势。

我国现存规模最大的古城是南京城。明皇朱元璋在休宁人朱升的"高筑城、广积粮、缓称王"的建议下,逐步兴建起来。古城墙是用特制巨型城砖筑成,朱元津还亲自检查工程质量。城池的四周长67华里。城高平12米,宽10～18米。六百多年来,南京古城墙

中外文化艺术大讲堂

★ 南京古城墙

一任风雨剥蚀，仍然安然无恙地保留下来。此外，在京城外还筑有外城，周长120华里，有18个城门，称"外十八"。内设城门13个，称"内十三"。内城13个城门中以聚宝门（今中华门）最为雄伟、险要。

今天的北京城是明成祖迁都北京后，在元代大都城的基础上改建的，有外城、内城和皇城。清代的北京城基本上保持了明城的原状。共20座城门，其中最高大、雄伟，气势磅礴的是北京内城的正阳门（俗称"前门"）。正阳门城门楼是所有城门楼中工艺最精湛的一个，高42米，三重飞檐，两层楼阁，具有独特的中国古城楼之美。

我国的万里长城一般认为

古代建筑

是秦始皇开始修筑的。其实我国古长城早在战国时代就开始建筑。秦始皇统一中国后，为了巩固边防，于公元前221年开始修筑长城，把战国时代燕、赵、秦等修筑的长城连接起来，又扩充了许多部分，西起临洮，东至辽东，形成万余里的庞大城墙建筑。秦代以后，西汉、东汉、北魏、北齐、北周、金、明各代，都对长城进行过大规模的修筑和增建。明代修筑长城前后用了一百多年的时间，工费巨大。修筑坚固，东起山海关，西至嘉峪关全长12700多里，大部分保留完好，这就是我们在八达岭、山海关、嘉峪关所看到的长城。

我国的万里长城早已引起中外旅游者的注目。它像一条看不一见首尾的巨龙，爬越巍巍群山，穿过茫茫草原，越过浩瀚的沙漠，绵延逶迤，横贯天际。长城被中外游人誉为"人类的纪念碑"，长城是我国古城中最伟大的工程，每天都吸引着数以万计的旅游者"竞相攀登长城，一览世界奇迹"。山海关，号称"天下第一关"。山海关城楼上高悬着的巨匾"天下第一关"，字形端庄，浑厚有力，每字高达1.6米。此匾相传为严嵩所题，但根据可靠文献记载，应是明朝进士山海关人萧显所书。长城西端的嘉峪关，位于河西走廊西部，号称"天下雄关"。城楼上"天下第一雄关"的匾额，与山海关"天下第一关"的匾额遥相呼应，但"天下第一雄关"之匾于1928年已被军阀毁掉。

长城沿线还建有许多关城，最著名的关城是山海关、嘉峪关、平型关、雁门关、居庸关、白虎关、娘子关等。

另外，我国现今保存较为完好的还有平遥城墙。平遥城墙位于山西平遥县，是我国现存完好的四座古城之一。建于明洪武三年（1370年）。南城墙随中都河境蜒而筑，其余三面皆直列砌筑，周长6.4公里，墙高12米，平均宽3.5米。城外表全部用青砖砌筑，内墙为土筑。周辟六门。东西门外又筑瓮城，以利防守。城门上原建有高数丈的城门楼，四角各筑角楼，每隔50米筑城台一座，连同角楼，共计94座，今大多已残坏。城外有护城河。城内街道，市楼、商店等均保留原有形制，是研究我国明代县城建置的实物资料。总之，古人建城一般不注意外观的审美，主要讲究高大、厚实，从实战出发，以利防犯。但对于现代人来说，古城则完全成了审美

★ 平遥城墙

对象，即成为现代人游览、观赏的对象。

中国古代著名皇陵

中国古人基于人死而灵魂不灭的观念，普遍重视丧葬，因此，无论任何阶层对陵墓皆精心构筑。在漫长的历史进程中，中国陵墓建筑得到了长足的发展，产生了举世罕见的、庞大的古代帝、后墓群；且在历史演变过程中，陵墓建筑逐步与绘画、书法、雕刻等诸艺术门派融为一体，成为反映多种艺术成就的综合体。

中国陵园的布局大都是四周筑墙，四面开门，四角建造角楼。陵前建有甬道，甬道两侧有石人、石兽雕像，陵园内松柏苍翠、树木森森，给人肃穆、宁静之感。中国古代陵墓建筑的形制变迁经历了许多时代的变化。在远古时代，由于生产力的低下，殉葬制度简单。对此，《易·系辞》中记载有："古之葬者，厚衣之以薪，葬之中野，不封不树。"《礼记·檀弓》中也记载有："古也，墓而不坟；"可见当时的殉葬制度十分简单。

商代已很重视埋葬制度。至迟在周代就把殡葬制度纳入朝廷礼制范围。《周礼·春官》记载的"冢人"的职责为："掌公墓之地，辨其兆域而为之图，先王之葬居中。……以爵等为丘封之度，与其树数。……正墓位，跸墓域，守墓禁。"现知最早的地上王墓遗存，比较典型的是河北省平山县战国时期的中山国王墓，墓上有坟丘，坟顶有寝殿遗迹，坟上植树木。

秦朝时期，秦始皇陵规划和造型都很严格整齐。陵丘为3层方形夯土台，顶部建有寝殿；坟上遍植柏树，以象征山林。古代帝王坟墓通称陵寝，又称山陵，即从这种形象而来。秦始皇陵周围有2层围墙，围墙正中建门阙，整齐对称；陵墙外还有规模宏大的兵马俑坑。汉承秦制。西汉陵墓大部分位于长安西北咸阳至兴平一带，陵丘都是正方形截锥体，称为方上。帝陵旁还有后妃、功臣贵戚的坟墓，形式与帝陵相似，但规模大为减小。陵上面建寝殿，四周建围墙，呈十字轴线对称。帝陵周围还建有官署、贵戚第宅、苑囿，外绕城墙，称为陵邑，是一种很特别的贵族居住区。东汉帝陵大部分集中在洛阳（北魏）北邙山上，形制继承西汉，但体量缩小，而且没有陵邑。南朝帝陵规模不大，坟丘上不建寝殿，但开始在陵前设置纵深的神道，神道两侧对称排列石刻的麒麟（辟邪）、墓表和碑。

唐代陵墓是汉陵以后的又一种典型形式。唐代18处陵墓中有15处是利用自然山丘作为陵体，周围建方形陵墙，四面正中建阙门，外置石狮，正南设置很长的神道，南端建大阙门。两侧布置石人、石马、朱雀、华表等。陵顶不建寝殿，而改在门内设献殿。五代十国帝陵规模都不大，从已发掘的南唐二主和前蜀王建墓来看，更多注重墓内装饰，雕刻、壁画的构图和技法水平都很高。

北宋陵墓综合了汉唐的特征，但更规格化。帝陵的主体

古代建筑

称为上宫，为十字轴线对称，方形围墙，四面正中设门，转角处建角楼，南面设神道，建阙门。神道两侧对称排列大朝会的仪仗，有宫女、官员、使臣、马、象、羊、虎等石刻，最南端建阙门，称为乳台。另在上宫的北面建下宫，为一组供奉帝后遗像和祭祠使用的祠祀建筑。帝陵西北方为后陵，形制与帝陵相同而规模减小。宋以前帝王陵墓至今只发掘了很少几座，很难全面判断墓室形制，但从已知的有关材料来看，大体上汉以前多为土穴木椁方形单室；汉以后多为砖石拱券结构，有前、中、后3墓室或前后2墓室，墓道很长。

明代陵墓继承了宋代集中建陵，组成陵区环境的传统，同时加强了神道建筑处理，突出陵墓前导部分的气氛，但对陵体作了大的变动。明陵的陵体完全宫室化，是对朝会格局的模拟，其中前朝部分为宫室型的纵向院落，而将后寝部分改为明楼宝城。清代陵墓与明陵基本相同，只是规模略小，每陵都设神道，并有独立的后妃陵墓。墓室都是多室型拱券结构。中国古代著名皇陵主要有：

（1）秦始皇陵

秦始皇陵位于陕西省西安市骊山北麓的秦始皇陵是中国最著名的陵墓，建于2000多年前。被誉为"世界第八大奇迹"的秦始皇兵马俑就是守卫这座陵墓的"部队"。秦始皇兵马俑气势恢弘、雕塑和制作工艺高超。世界遗产委员会曾这样评价秦始皇陵：那些环绕

中外文化艺术大讲堂

★秦始皇陵二号坑

在秦始皇陵墓周围的著名陶俑形态各异，连同他们的战马、战车和武器，都是现实主义的完美杰作，同时也保留了极高的历史价值。陕西西安附近是中国帝王陵墓较为集中的地方，除了秦始皇陵外，还有西汉11个皇帝的陵墓，唐代18个皇帝的陵墓。其中汉武帝刘彻的茂陵是西汉皇陵中规模最大的一座，埋藏的宝物也最多；昭陵是唐太宗李世民的陵墓，陵园面积极大，园内还有17座功臣贵戚的陪葬墓，昭陵地上地下都是珍贵的文物，最负盛名的是唐代雕刻精品"六骏图"。

（2）明朝皇陵

明清两代皇陵是中国帝王的陵墓中保存最为完整的。

古代建筑

明朝皇帝的陵墓主要在北京的昌平，即十三陵，为明代定都北京后13位皇帝的陵墓群，位于北京市昌平县城北天寿山下一个三面环山、向南开口的小盆地内。小盆地内的山坡上错落有致地分布着这些帝王的陵墓，占地面积达40平方公里。陵区内共埋葬着13位帝王、23位皇后和众多的妃子、皇子、公主及丛葬的宫女等。

明十三陵规模宏伟壮丽，景色苍秀，气势雄阔，是国内现存最集中、最完整的陵园建筑群。其中规模最宏伟的是长陵（明成祖朱棣）和定陵（明神宗朱翊钧）。经挖掘发现，定陵地宫的石拱结构坚实，四周排水设备良好，积水极少，石拱无一塌陷，这充分展示了中国古人建造地下建筑的高超技术。

（3）清代皇陵

①清东陵

中国现存陵墓建筑中规模最宏大、建筑体系最完整的皇家陵寝——清东陵占地78平方公里，其中埋葬着清朝5位皇帝，14位皇后，百余名嫔妃。清东陵内的主要陵墓建筑都精美壮观，极为考究。清朝，是中国历史上的最后一个封建王朝。清入关以后，十个皇帝，除末帝溥仪没有设陵外，其他九个皇帝都分别在河北遵化市和易县修建规模宏大的陵园。由于两个陵园各距北京市区东、西一百里，故称"清东陵"和"清西陵"。

清东、西二陵在规制上基本沿袭明代，所不同的是陵冢上增设了月牙城。另外，明

174

十三陵中，只有长陵有"圣德神功碑"，而清东、西二陵中则有数通。陵园的布局与明代相比也发展到更成熟的阶段。按照从南到北的顺序，都由石像生、大碑楼、大小石桥、龙凤门、小碑亭、神厨库、东西朝房、隆恩门、东西配殿、隆恩殿、琉璃门等大小建筑组成。每座帝陵附近一般都附有皇后和嫔妃的园寝。

清东陵在河北省遵化县的昌瑞山下，是清朝入关以后营建的最大的陵墓区。整个陵区划分为前圈和后龙两部分，前圈是陵园建筑区，后龙是衬

★ 清东陵全景

古代建筑

托山陵建筑的北隅，范围很广。孝陵在昌瑞山的主峰下，是顺治皇帝的陵墓。孝陵是清东陵的主体建筑。陵园前矗立着一座石牌坊，全部是由汉白玉制成的。上面浮雕着"云龙戏珠"、"双狮滚球"和各种旋子大点金彩绘饰纹，刀法精湛，气势雄伟，成为清代石雕艺术最有代表性的作品。紧靠石牌坊是大红门。大红门是孝陵也是整个清东陵的门户，红墙迤俪，肃穆典雅。门前有"官员人等到此下马"的石碑。穿过大红门，迎面是碑楼。碑楼中立有两通高大的"圣德神功碑"，碑上分别用满文和汉文两种文字镌课着顺治皇帝一生的功绩。它是清初政治、军事的一个侧面，它从不同角度反映了满清统治者入关后统治政策的方略和顺治其人。龙凤门位于神道中间，三门六柱三楼，彩色琉璃瓦盖，龙凤呈祥花纹装饰，富丽多彩。显示了神道的悠远和风光

★ 清东陵牌坊

176

的优美。过龙凤门是七孔桥。它是东陵近百座石桥中最大的一座，也是最有趣的一座。桥身全部用汉白玉石拱砌而成，选料奇特，如果顺栏板敲击，就会听到五种音阶金玉般的声响，人称"五音桥"。神道北端是巍峨的隆恩殿，是举行祭祀活动的主要场所，也是陵园的主体建筑。为了推崇皇权，清朝统治者不惜工本，极力装修隆恩殿，金龙环绕，富丽堂皇。

　　清东陵中地宫情况，以乾隆的裕陵最有代表性。裕陵地宫是拱券式结构，全部用雕刻或加工过的石块砌成，布满了与佛教有关的各种经文和图饰雕刻，犹如一座地下佛教艺术石雕馆。地宫内尽管图文繁多，但是并不显得杂乱，相反给人一种相互衬托，浑然一体的感觉，充分反映了清代石雕工艺水平的高度发展。

　　慈禧的定东陵是我国现存规制豪华，体系比较完整的一座皇后陵寝建筑群。定东陵一直修建了十年。但慈禧总觉得不称心，不惜劳民伤财，拆除重建。重建后的隆恩殿气概非凡，金碧辉煌，使人仿佛进入黄金世界。殿内有六十四根金龙盘玉柱，用极为珍贵的黄花梨木构成。金龙用弹簧控制，龙头龙须可随风摇动，金光闪闪，似真龙凌空，扶摇直上。隆恩殿前有龙凤彩石，慈禧役使工匠用突雕的手法，使凤在上龙在下，构成一幅金凤戏龙的景象，充分反映了这位政治野心家的独到用心。

　　②清西陵

古代建筑

清西陵在河北易县城的永宁山下，东距北京市120多公里，是清入关后营建的又一处规模较大的陵墓区，也是历代帝王陵园建筑保存比较完整的一处。陵域北起奇峰岭，南到大雁桥，东自梁各庄，西止紫荆关，方圆800平方公里。陵区内共有帝陵四座：雍正帝泰陵、嘉庆帝昌陵、道光帝慕陵、光绪帝崇陵。还有不少后陵、妃陵、公主墓等。清西陵的开辟始于雍正皇帝。清西陵还有一座没有建成的帝陵，是中国末代皇帝傅仪的陵墓。傅仪去世后，骨灰曾归葬八宝山公墓。1994年，傅仪的骨灰葬入清西陵。

③泰陵

根据"子随父葬，祖辈衍

★ 清西陵

继"的制度，雍正本应当随父葬，但雍正却另辟兆域，在距离东陵数百里以外的易县营建泰陵。其原因，传云他篡改康熙的遗诏，皇位得之不正，心怀内疚，因而不愿葬在其父之旁。泰陵的建筑历时八年，是清西陵中规模最大的一座陵墓，也是西陵陵园的核心部分。前后有三座高大精美的石牌坊和一条宽达十多米、长五公里的神道，通贯陵区南北。神道两侧的石像生有石兽三对、文臣一对、武臣一对。泰陵石像生采用写意的手法，以浓重粗大的线条，勾画出人物和动物的形象，再用细如绣花的线刻，表

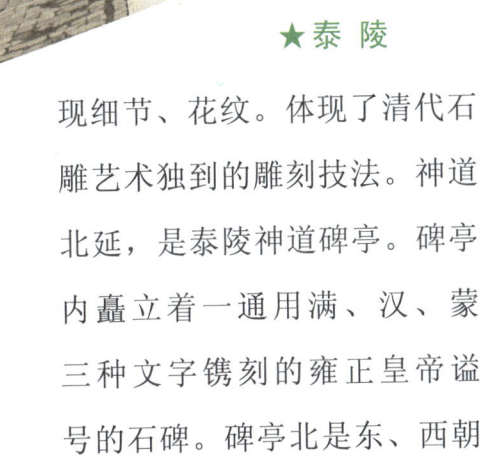

★ 泰 陵

现细节、花纹。体现了清代石雕艺术独到的雕刻技法。神道北延，是泰陵神道碑亭。碑亭内矗立着一通用满、汉、蒙三种文字镌刻的雍正皇帝谥号的石碑。碑亭北是东、西朝房，是制作和存放蔬菜、瓜果、点心的膳房。东、西朝房北，过隆恩门就是泰陵的主体建筑——隆恩殿。隆恩殿由东西配殿和正殿组成，东殿是放置祝板的地方，西殿为喇嘛念

经的场所。正殿在正中的月台上,巍峨高大。殿内明柱贴金包裹,顶部有旋子彩画,梁坊装饰金线大点金,金碧辉煌。

④慕陵

慕陵是道光皇帝的陵墓,是清西陵中最西的一座帝陵,形制别具一格。根据清代规制,帝名陵名一般是由后代皇帝敬定的,但是慕陵的陵名据说是道光皇帝亲自拟定的。他临终前曾说:"敬瞻东北,永慕无穷,云山密迩,呜乎!其慕与慕也",而后把谕旨存放在大殿的东暖阁。道光皇帝死后,咸丰即位,重读遗诏,见"其慕与慕也"一句,心领神会,于是命名为慕陵。慕陵在清代帝陵中,规制最为简约,没有方城、明楼、地宫和神德神功碑、华表及石像生,但工程质量坚固精细。隆恩殿都是用金丝楠木构造,不施彩绘,以蜡涂塘,精美异常。整个天花板上,都用香气馥郁的楠木以高浮雕的手法,刻成向下俯视的龙头。众龙吞云喷雾,栩栩如生,使人们走进殿内仿佛置身于"万龙聚会、龙口喷香"的艺术境界。慕陵的围墙不挂灰、不涂红、磨砖对缝,干摆灌浆,墙顶亦以黄琉璃瓦覆盖,灰黄相映。随山势起伏,把殿亭、宝

★ 慕 陵

★ 崇 陵

顶环抱在陵墙内，显得清明、肃穆。尤其龙凤门前二棵枝叶繁茂，造型独特的迎客松，为慕陵增添了诗一般的韵味。一棵主干微斜，枝叶向上呈圆形，边缘翻卷，形似彩盘，犹如侍女顶盘祭奠，另一棵弯腰颔首，彬彬有礼，像在恭谦地迎接来客。

⑤崇陵

崇陵是光绪死后，开始修建的，到清朝灭亡时尚未建成，后由大臣梁鼎芬向晚清遗老捐集款项继续修建，得以完成。崇陵地宫虽规制并不宏大，但工料之精、耗银之多也是相当可观的。墓道有四重石门，每重门由两扇整雕的清白

古代建筑

玉石合成。上面有菩萨浮雕一尊,菩萨头带佛冠,身披袈裟,足登莲花座,善心善面地恭身挺立在石门上,护门念经。地宫内床为青石雕成的须弥座,上面左右并排停放着光绪皇帝和隆裕皇后的棺椁。棺椁四周镌刻有藏文和梵文经咒。隆裕后棺盖顶有一幅精美的石雕线刻画。整个画面布局紧凑,造型生动,刀法精细,线条镀金。崇陵地宫曾被盗掘,当年盗墓留下的残迹还在,四重石门洞开,光绪皇帝的棺椁被用刀斧凿成一个大洞。隆裕皇后的棺椁盖也被撬开,隆裕皇后口中的珠宝被盗贼取出,地宫内随葬物品被洗劫一空。盗贼未发现光绪皇帝的棺椁底下的"金井",考古工作者从中掘出珍珠、翡翠、玉石、子母铁球等珍贵文物200多件。

中国古代建筑的艺术风格

中国古代建筑在前秦时代有了较大的发展。在河南偃师二里头发现了商代早期宫殿遗址。商代末年，商纣王大兴土木："南距朝歌，北距邯郸及沙丘，皆为离宫别馆"。周朝的建筑较之殷商更为发达，尤其技术进步很大，开始用瓦盖屋顶。此时建筑以版筑法为主，其屋顶如翼，木柱架构，庭院平整，已具一定法则。在陕西岐山凤雏村发现了西周早期宫殿遗址，在扶风召陈村有西周中晚期的建筑遗址。商周时期，中国古代建筑的主要特征如庭院形式、对称布局、木梁架结构、单体造型、大屋顶等已初步形成，不过因诸侯割据而南北各异。后来，随着中国封建统一王朝的建立、中外文化的交流，尤其是中国地域博大精深，各地富有特色的文化传统异彩纷呈，最终造就了类型丰富、风格多彩多姿的中国古代建筑。本章我们就来带领大家一起领略中国古代建筑多样的艺术风格。

中外文化艺术大讲堂

中国古代建筑的风格类型

中国古代建筑的时代风格

秦始皇统一六国后,开始了中国古代建筑史上首次规模宏大的工程,这便是上林苑、阿房宫。此外,又派蒙恬率领30万人"筑长城,固地形,用制险塞"从中我们可以看到秦作为一个统一的大帝国在中国古代建筑历史上所表现出来的气派。中国古代建筑从一开始就追求一种宏伟的壮美。汉代建筑规模更大,到汉武帝之时更是大兴宫殿、广辟苑囿,较著名的建筑工程有长乐宫、未

★ 阿房宫

古代建筑

央宫等。汉宫殿突出雄伟、威严的气势，后苑和附属建筑却又表现出雅致、玲珑的柔和之美，这与秦相比显然又有了很大的艺术进步。

秦汉时已有雕刻和彩绘，布局舒展、整齐，具有明确的伦理、等级、秩序等内涵，表现出刚健、质朴的风格特色。由于中国古代建筑的功能和材料结构长时期变化不大，所以形成不同时代风格的主要因素是审美倾向的差异；同时，由于古代社会各民族、地区间有很强的封闭性，一旦受到外来文化的冲击，或各地区民族间的文化发生了急剧的交融，也会促使艺术风格发生变化。根据这两点，可以将商周以后的建筑艺术分为三种典型的时代风格：

（1）秦汉风格。商周时期已初步形成了中国古代建筑的某些重要的艺术特征，如方整规则的庭院，纵轴对称的布局，木梁架的结构体系，由屋顶、屋身、基座组成的单体造型，屋顶在立面占的比重很大。但商、周建筑也有地区的、时代的差异。春秋战国时期诸侯割据，各国文化不同，建筑风格也不统一。大体上可归纳为两种风格，即以齐、晋为主的中原北方风格和以楚、吴为主的江淮风格。

秦统一全国，将各国文化集中于关中，汉继承秦文化，全国建筑风格趋于统一。秦汉建筑奠定了中国古代建筑的理论基础，伦理内容明确，布局铺陈舒展，构图整齐规则，同时表现出质朴、刚健、清晰、

浓重的艺术风格。代表秦汉风格的主要是都城、宫室、陵墓和礼制建筑。秦汉时期的建筑，都城区划规则，居住里坊和市场以高墙封闭；宫殿、陵墓都是很大的组群，其主体为高大的团块状的台榭式建筑；重要的单体多为十字轴线对称的纪念型风格，尺度巨大，形象突出；屋顶很大，曲线不显著，但檐端已有了"反宇"；雕刻色彩装饰很多，题材诡谲，造型夸张，色调浓重；重要建筑追求象征涵义，多有宗教性内容。

（2）隋唐风格。魏晋南北朝是中国古代建筑风格发生重大转变的阶段。中原士族南下，北方少数民族进入中原，加速了民族的大融合，深厚的中原文化，同时也影响了北方和西北。随之输入的佛教文化，几乎对所有传统的文学艺术产生了重大影响，增加了传统艺术的门类和表现手段，也改变了原有的风格。同时，文人士大夫退隐山林的生活情趣和田园风景诗的出现，以及对江南秀美风景地的开发，正式形成了中国园林的美学思想和基本风格，由此也引伸出浪漫主义的情调。

隋唐国内民族大统一，又与西域交往频繁，更促进了多民族间的文化艺术交流。秦汉以来传统的理性精神中糅入了佛教的和西域的异国风味，以及南北朝以来的浪漫情调，终于形成了理性与浪漫相交织的盛唐风格。其特点是，都城气派宏伟，方整规则；宫殿、坛庙等大组群序列恢阔舒展，空

古代建筑

★黄地粉彩勾莲纹佛塔

间尺度很大；建筑造型浑厚，轮廓参差，装饰华丽；佛寺、佛塔、石窟寺的规模、形式、色调异常丰富多采，表现出中外文化密切交汇的新鲜风格。

（3）明清风格。五代至两宋，中国封建社会的城市商品经济有了巨大发展，城市生活内容和人的审美倾向也发生了很显著的变化，随之也改变了艺术的风格。五代十国和宋辽金元时期，国内各民族、各地区之间的文化艺术再一次得到交流融汇；元代对西藏、蒙古地区的开发，以及对阿拉伯文化的吸收，又给传统文化增添了新鲜血液；明代继元之后又一次统一全国；清代最后形成了统一的多民族国家。中国古代建筑终于在清朝盛期（18世纪）形成最后一种成熟的风格。

明清时期建筑特点是，城市仍然规格方整，但城内封闭的里坊和市场变为开敞的街巷，商店临街，街市面貌生动活泼；城市中或近郊多有风景胜地，公共游览活动场所增

多；重要的建筑完全定型化、规格化，但群体序列形式很多，手法很丰富；民间建筑、少数民族地区建筑的质量和艺术水平普遍提高，形成了各地区、各民族多种风格；私家和皇家园林大量出现，造园艺术空前繁荣，造园手法最后成熟。总之，盛清建筑继承了前代的理性精神和浪漫情调，按照建筑艺术特有的规律，终于最后形成了中国古代建筑艺术成熟的典型风格——雍容大度，严谨典丽，机理清晰，且又极富于人情韵味。

总之，秦汉、隋唐、明清三个时期相距时间基本相等，它们是国家大统一、民族大融合的三个时代，也是封建社会前、中、后期的代表王朝。作为正面地、综合地反映生活的建筑艺术，这三种时代风格所包含的内容，显然远远超出了单纯的艺术范围；建筑艺术风格的典型意义和它们的反映功能，显然也远远超过了建筑艺术本身。

中国古代建筑的地域风格

中国古建筑的创始时期包括中国原始社会、新石器时代中晚期和夏、商、周。以定居为基础的新石器时代，是我国古代建筑艺术的萌生时期。由于自然条件的不同，黄河流域及北方地区流行穴居、半穴居及地面建筑，长江流域及南方地区流行地面建筑及干栏式建筑。这是中国古代建筑文化体现出地域特色的最早表现。

后来随着魏晋南北朝佛教盛行，给中国古代建筑艺术蒙上一层神秘的色彩。寺庙建

古代建筑

★ 洛阳龙门石窟

筑之风大盛，唐代诗人杜牧诗"南朝四百八十寺，多少楼台烟雨中"的描述，北朝不仅寺庙建筑众多而且依山开凿石窟，造佛像刻佛经，今天我们仍可见的云冈、龙门石窟都是中国及世界建筑史上的奇观。而由于佛教在中国的传播过程中，出现了诸如南传佛教、中原佛教、藏传佛教等流派，由此也带来了中国寺庙建筑的地域化特色。

（1）西北风格。这种建筑艺术风格集中在黄河以西至甘肃、宁夏的黄土高原地区。院落的封闭性很强，屋身低矮，屋顶坡度低缓，还有相当多的建筑使用平顶。很少使用

砖瓦，多用土坯或夯土墙，木装修更简单。这个地区还常有窑洞建筑，除靠崖凿窑外，还有地坑窑、平地发券窑。总的风格是质朴敦厚。但在回族聚居地建有许多清真寺，它们体量高大，屋顶陡峻，装修华丽，色彩浓重，与一般民间建筑有明显的不同。

（2）北方风格。这种建筑艺术风格集中在淮河以北至黑龙江以南的广大平原地区。组群方整规则，庭院较大，但尺度合宜；建筑造型起伏不大，屋身低平，屋顶曲线平缓；多用砖瓦，木结构用料较大，装修比较简单。总的风格是开朗大度。

（3）江南风格。这种建筑艺术风格集中在长江中下游的河网地区。组群比较密集，庭院比较狭窄。城镇中大型组群（大住宅、会馆、店铺、寺庙、祠堂等）很多，而且带有楼房；小型建筑（一般住宅、店铺）自由灵活。屋顶坡度陡峻，翼角高翘，装修精致富丽，雕刻彩绘很多。总的风格是秀丽灵巧。

（4）岭南风格。这种建筑艺术风格集中在珠江流域山岳丘陵地区。建筑平面比较规整，庭院很小，房屋高大，门窗狭窄，多有封火山墙，屋顶坡度陡峻，翼角起翘更大。城镇村落中建筑密集，封闭性很强。装修、雕刻、彩绘富丽繁复，手法精细。总的风格是轻盈细腻。

（5）西南风格。这种建筑艺术风格集中在西南山区，有相当一部分是壮、傣、瑶、

191

古代建筑

苗等民族聚居的地区。多利用山坡建房，为下层架空的干栏式建筑。平面和外形相当自由，很少成组群出现。梁柱等结构构件外露，只用板壁或编席作为维护屏障。屋面曲线柔和，拖出很长，出檐深远，上铺木瓦或草秸。不太讲究装饰。总的风格是自由灵活。其中，云南南部傣族佛寺空间巨大，装饰富丽，佛塔造型与缅甸类似，民族风格非常鲜明。

中国古代建筑的民族风格

（1）藏族风格。这种建筑艺术风格集中在西藏、青海、甘南、川北等藏族聚居的广大草原山区。牧民多居褐色长方形帐篷。村落居民住碉房，多为2~3层小天井式木结构建筑，外面包砌石墙，墙壁收分很大，上面为平屋顶。石墙上的门窗狭小，窗外刷黑色梯形窗套，顶部檐端加装饰线条，极富表现力，都建在高地上，体量高大，色彩强烈，同样使用厚墙、平顶，重点部位突出少量坡顶。总的风格是坚实厚重。

（2）蒙古族风格。这种建筑艺术风格集中在蒙古族聚

★蒙古包

居的草原地区。牧民居住圆形毡包（蒙古包），贵族的大毡包直径可达10余米，内有立柱，装饰华丽。集中体现了蒙古族建筑的风格，它来源于藏族口嘛庙原型，又吸收了临近地区回族、汉族建筑艺术手法，风格变得厚重又华丽。

（3）维吾尔族风格。这种建筑艺术风格集中在新疆维吾尔族居住区。建筑外部完全封闭，全用平屋顶，内部庭院尺度亲切，平面布局自由，并有绿化点缀。房间前有宽敞的外廊，室内外有细致的彩色木雕和石膏花饰。总的风格是外部朴素单调，内部灵活精致。维吾尔族的清真寺和教长陵园是建筑艺术最集中的地方，体量巨大，塔楼高耸，砖雕、木雕、石膏花饰富丽精致。还多用拱券结构，富有曲线韵律。

历史的居所
古代建筑

中国古代建筑的艺术特点

中国古代建筑艺术在世界建筑史上是延续历史最长、分布地域最广、有着特殊风格与体系的造型艺术。中国古代建筑艺术在文化层面上表现出三大特点：其一，注重审美性与政治伦理性的高度统一；其二，具有鲜明的人文主义品格，是中国传统文化精神的集中展现；其三，在多样变化中注重综合性的整体空间意象。

与此同时，从文化史的角度来看，建筑不仅仅是技术科学，而且是一种艺术。中国古代建筑经过长时期的努力，同时吸收了中国其他传统艺术，特别是绘画、雕刻、工艺美术等造型艺术的特点，创造了丰富多采的艺术形象，并在这方面形成了不少特点。

（1）室内空间灵活多变。中国古代建筑使简单规格的单座建筑富有不同的个性，在室内主要是依靠灵活多变的空间处理。例如一座普通的三五间小殿堂，通过不同的处理手法，可以成为府邸的大门，寺观的主殿，衙署的正堂，园林的轩馆，住宅的居室，兵士的值房等内容完

全不同的建筑。室内空间处理主要依靠灵活的空间分隔,即在整齐的柱网中间用板壁、口扇(碧沙橱)、帐幔和各种形式的花罩、飞罩、博古架隔出大小不一的空间,有的还在室内部分上空增加阁楼、回廊,把空间竖向分隔为多层。再加以不同的装饰和家具陈设,就使得建筑的性格更加鲜明。另外,天花、藻井、彩画、匾联、佛龛、壁藏、栅栏、字画、灯具、幡幢、炉鼎等,在创造室内空间艺术中也都起着重要作用。

(2)装饰色彩绚丽夸张。中国古代建筑绚丽的色彩和彩画首先是建筑等级和内容的表现手段。屋顶的色彩最重要,黄色(尤其是明黄)琉璃瓦屋顶最尊贵,是帝王和帝王

★ 黄琉璃瓦

特准的建筑(如孔庙)所专用,宫殿内的建筑,除极个别特殊要求的以外,不论大小,一律用黄琉璃瓦。宫殿以下,坛庙、王府、寺观按等级用黄绿混合(剪边)、绿色、绿灰混合;民居等级最低,只能用灰色陶瓦。主要建筑的殿身、墙身都用红色,次要建筑的木

195

古代建筑

结构可用绿色，民居、园林杂用红、绿、棕、黑等色。梁枋、斗拱、椽头多绘彩画，色调以青、绿为主，间以金、红、黑等色，以用金、用龙的多少有无来区分等级。

清代官式建筑以"金龙合玺"为最荣贵，雄黄玉最低。民居一般不画彩画，或只在梁枋交界处画"箍头"。园林建筑彩画最自由，可画人物、山水、花鸟题材。台基一般为砖石本色，重要建筑用白色大理石。色彩和彩画还反映了民族的审美观，首先是多样寓于统一。一组建筑的色彩，不论多么复杂华丽，总有一个基调，如宫殿以红、黄暖色为主，天坛以蓝、白冷色为主，园林以灰、绿、棕色为主。

其次是对比寓于和谐。因为基调是统一的，所以总的效果是和谐的；虽然许多互补色、对比色同处一座建筑中，对比相当强烈，但它们只使和谐的基调更加丰富悦目，而不会干扰或取代基调。最后是艺术表现寓于内容要求。例如宫殿地位最重要，色彩也最强烈；依次为坛庙、陵墓、庙宇，色彩的强烈程度也递减而下；民居最普通，色彩也最简单。

（3）空间序列铺陈舒展。中国古代建筑艺术主要是群体组合的艺术，群体间的联系、过渡、转换，构成了丰富的空间序列。木结构的房屋多是低层（以单层为主），所以组群序列基本上是横向铺陈展开。空间的基本单位是庭院，共有三种形式：

①十字轴线对称，主体建筑放在中央，这种庭院多用于规格很高、纪念性很强的礼制建筑和宗教建筑，数量不多。

②以纵轴为主，横轴为辅，主体建筑放在后部，形成四合院或三合院，大自宫殿小至住宅都广泛采用，数量最多

③轴线曲折，或没有明显的轴线，多用于园林空间。序列又有规整式与自由式之别。现存规整式序列最杰出的代表就是明清北京宫殿。在自由式序列中，有的庭院融于环境，序列变化的节奏较缓慢，如帝王陵园和自然风景区中的建筑；也有庭院融于山水花木，序列变化的节奏较紧促，如人工经营的园林。但不论哪一种序列，都是由前序、过渡、高潮、结尾几个部分组成，抑扬顿挫，一气贯通。

（4）曲线屋顶形象突出。屋顶在单座建筑中占的比例很大，一般可达到立面高度的一半左右。古代木结构的梁架组合形式，很自然地可以使坡顶形成曲线，不仅坡面是曲线，正脊和檐端也可以是曲线，在屋檐转折的角上，还可以做出翘起的飞檐。巨大的体量和柔和的曲线，使屋顶成为中国古代建筑中最突出的形象。

屋顶的基本形式虽然很简单，但却可以有许多变化。例如屋脊可以增加华丽的吻兽和雕饰；屋瓦可以用灰色陶土瓦、彩色琉璃瓦以至镏金铜瓦；曲线可以有陡有缓，出檐可以有短有长，更可以做出2层檐、3层檐；也可以运用穿插、

古代建筑

勾连和披搭方式组合出许多种式样；还可以增加天窗、封火山墙，上下、左右、前后形式也可以不同。建筑的等级、性格和风格，很大程度上就是从屋顶的体量、形式、色彩、装饰、质地上表现出来的。

★ 楼阁台榭

（5）单体造型规格定型。中国古代的单体建筑有十几种名称，但大多数形式差别不大，主要的有三种：

①殿堂，基本平面是长方形，也有少量正方形、正圆形，很少单独出现。

②亭，基本平面是正方、正圆、六角、八角等形状，可以独立于群体之外。

③廊，主要作为各个单座建筑间的联系。

殿堂或亭上下相叠就是楼阁或塔。早期还有一种台榭，中心为大夯土台，沿台建造多层房屋，但东汉以后即不再建造。殿堂的大小，正面以间数，侧面以檩（或椽）数区别。汉以前，间有奇数也有偶数，以后即全是奇数，到清代，正面以11间最大，3间最

小，侧面以13檩最大，5檩最小。间和檩的间距有若干等级，内部柱网也有几种定型的排列方式。正面侧面间数相等，就可变为方殿，间也可以左右前后错落排列，出现多种变体的殿堂平面。

不论殿堂、亭、廊，都由台基、屋身和屋顶三部分组成，各部分之间有一定的比例。高级建筑的台基可以增加到2～3层，并有复杂的雕刻。屋身由柱子和梁枋、门窗组成，如是楼阁，则设置上层的横向平座（外廊）和平座栏杆。层顶大多数是定型的式样，主要有硬山、悬山、歇山、庑殿、攒尖5种。廊基本上是一间的连续重复。单座建筑的规格化，到清代达到顶点，《工部工程做法则例》就规定了27种定型形式，每一种的尺度、比例都有严格的规定，上自宫殿下至民居、园林，许多动人的艺术形象就是依靠为数不多的定型化建筑组合而成的。

（6）时代风格变化迅速。从19世纪中叶到现在短短的100多年间，建筑风格变化速度之快，远远超出了古代。其间，既有与西方建筑风格平行发展的一般类型，也有受中国本土社会文化制约的特殊类型。从艺术特征来看，后者无疑更具有典型的美学价值，也就是说，新内容、旧形式和中外建筑形式能否结合，怎样结合，一直是近代建筑风格变化的主线。寻求时代风格与民族风格相结合的道路，一直是建筑艺术创作的主题。

中国古代建筑的装饰美学

中国古代建筑装饰具有它特殊的风格和卓越的成就,在世界建筑史上占有重要的地位。早在商周时期就有了砖瓦的烧制,到了秦汉时代,有纹饰的瓦当和栏杆砖的出现,青龙、白虎、朱雀、玄武和吉祥安乐等瓦当与带龙首兽头的栏杆,在图案的造型和抽象的含意上,有其独到的艺术风格。

魏晋以来,除宫殿、住宅、园林建筑继续发展之外,又出现了一种颇具神秘色彩的佛教和道教建筑。如云岗石窟和龙门石窟等巨大的雕刻群像,体现了南北朝时期文化和宏大的艺术思想。隋唐是中国历史上建筑发展的鼎盛时期,保留至今较为完整的有五台山的南禅寺正殿和佛光寺正殿,还有许多没能保存住而被记录在壁画当中。此外,舍利塔遍布各地,粗大挺拔、风格朴实的建筑构件和刚劲富丽之美,使大唐的装饰艺术具有夺人的风采。

宋辽金时期的建筑受唐代影响很大,主要以殿堂、寺塔和墓室建筑为代表,装饰上多用彩绘、雕刻及琉璃砖瓦等,

建筑构件开始趋向标准化，并有了建筑总结性著作如《木经》《营造法式》。装饰与建筑的有机结合是宋代的一大特点，寺塔的装饰尺度合理，造型完整而浑厚。苏州虎丘塔、泉州仁寿塔都是典型之作。昭陵的石刻、墓室的图案都具有刚劲、富丽之美，对后来的民间图案发展有着指导性的意义。

明清建筑装饰，是中国古代建筑史上的最后一个高峰。建造许多规模宏大的宫苑，陵寝，无论在数量上或质量上都很出色，在装饰风格的表现上沉雄深远，映透了明清全盛时期皇权的声威。到了清代中叶以后建筑的装饰图案或彩画生气低落，唐宋装饰的风采已经踪影皆无，由于过分追求细腻而导致了琐碎和缺乏生气的局

★ 苏州虎丘塔

古代建筑

★泉州仁寿塔

面。

中国近现代建筑在欧美国家取消建筑装饰的影响下,走上了重现代技术和新材料的运用,不重装饰的阶段。装饰性的花纹图案已不多见,建筑的美化除功能和施工技术的要求外唯有在符合功能、技术的门、窗及实墙之中寻找理想的格局,随着商品经济发展,对建筑装饰有了更高的要求,新材料、新技术与新观念的结合,将会创造出一个新的建筑艺术环境。

中国建筑很早就采用在木材上涂漆和桐油的办法,以保护木质和加固木构件用榫卯结合的关接,同时增加美观,达到实用、坚固与美观相结合。以后又用丹红装饰柱子、梁架或在斗拱梁、枋等处绘制彩画。经过长期的实践,中国建筑在运用色彩方面积累了丰富的经验,例如在北方的宫殿、官衙建筑中,很善于运用鲜明色彩的对比与调和。房屋的主体部分,也即经常可以照到阳光的部分,一般用暖色,特别是用朱红色;房檐下的阴影部分,则用蓝绿相配的冷色。这样就更强调了阳光的温暖和阴影的阴凉,形成一种悦目的对

比。

中国古代建筑中对大木、小木、砖、瓦、石、油诸作的装饰手法和式样，也包括为创造艺术环境而设置的建筑小品。中国古代建筑装饰鲜明地体现出中国古代建筑的美学特征。一般来说，中国古代建筑装饰的美学特征主要体现在以下四个方面：

（1）中国古代建筑的装饰手法和式样是显示建筑社会价值的重要手段。中国古代建筑装饰的式样、色彩、质地、题材等都服从于建筑的社会功能，如宫殿屋顶用黄色琉璃，彩画用贴金龙凤，殿前用日规、嘉量、品级山、龟鹤、香炉等小品，以表示帝王的尊严，私家园林用青砖小瓦、原木本色和精巧自由的砖木雕刻，以体现超然淡泊的格调。

（2）中国古代建筑的装饰手法和式样中的大多数都有实用价值，并和结构紧密结合，不是可有可无的附加物。油饰彩画是为了保护木材，屋顶吻兽是保护屋面的构件，花格窗棂是便于夹纱糊纸，而像石雕的柱础、栏杆、螭首、木构件的梭柱、月梁、拱瓣和麻叶头、霸王拳、菊花头等梁枋端头形式，本身就是对结构构件的艺术加工。

（3）中国古代建筑的装饰手法和式样中的大部分都趋向规格化，定型化，有相当严格的规矩做法，通过互相搭配取得不同的艺术效果，但也很注意细微的变化，既可远看，也可近赏。

（4）中国古代建筑的装

古代建筑

饰手法和式样中的艺术风格有着鲜明的时代性、地区性和民族性。例如汉代刚直浓重，唐代浑放开朗，宋代流畅活泼，明清严谨典丽。北方比较朴实，装饰只作重点处理，彩画砖雕成就较高，南方比较丰富，装饰手法细致，砖木石雕都有很高成就。藏族用色大胆，追求对比效果，镏金、彩绘很有特色；维吾尔族在木雕、石膏花饰和琉璃面砖方面成就较大；回族则重视砖木雕刻和彩画，题材、手法有浓郁的民族特点。

中国古代建筑的结构形式

4

从远古到汉代的木结构的形式迄今仍在探索中。从半坡遗址到商代盘龙城遗址、西周周原建筑遗址、汉代礼制建筑、石阙等中,只能看出殷商的墓室均用井干式结构,后代虽不普遍使用,但在木结构发展史中却有重要作用。自商代至战国宫殿遗址中已发掘的平面柱网布置,均纵向成行列而横向常不成行列。据此可推断屋架构造,系以纵架为主,直至汉代仍有应用,故纵架应是早期普遍使用的构造形式。后来,辽金时期偶然也有使用纵架承托横架的构造,那是经过改进提高的纵架。自西周开始已用栌斗作为结合柱、梁的构件,以后逐步发展成栌斗上用拱、昂等组合成铺作的复杂构造形式。本章我们将为大家介绍关于中国古建筑中常见的诸如殿堂结构、厅堂结构、簇角梁结构、抬梁式构架、穿斗式构架、井干式结构等形式,中国古代建筑的常用构件、装饰材料等知识。

中国古代建筑的形式与特点

中国古代建筑的结构形式

有关具体的结构形式的记录，是宋代《营造法式》中的殿堂结构、厅堂结构、簇角梁结构三种。根据现存实例，可以推断这三种结构至少在唐初即已普遍应用。中国古代建筑的结构形式主要有殿堂结构、厅堂结构、簇角梁结构、抬梁式构架、穿斗式构架、井干式结构。而且这些建筑结构形式，在不同的历史时期有着不同的特点。在中国古建筑的遗留物中，宫殿建筑、园林建筑、寺庙建筑、民居建筑、陵墓建筑等建筑类型中，一般均可见这些结构式样。它们的特点如下：

（1）殿堂结构。这种结构的特点是：全部结构按水平方向分为柱额、铺作、屋顶三个整体构造层，自下至上逐层安装，叠垒而成。如造楼房，只须增加柱额和铺作层（平坐）即可。应用这种结构的房屋，平面均为长方形。有四种地盘分槽形式，即金箱斗底槽、双槽、单槽和分心斗底槽。

（2）厅堂结构。这种结

古代建筑

构的特点是：用横向的垂直屋架。每个屋架由若干长短不等的柱梁组合而成，只在外檐柱上使用铺作。每两个屋架间用椽、襻间等连接成间。间数不受限制，屋架只要椽数、相应步架的椽平长相等，各屋架所用梁柱数量、组合方式可以不同，因此不必规定平面形式。厅堂结构施工较殿堂结构简便，但不宜建造多层房屋。用厅堂结构建造小规模房屋，不用铺作，称为"柱梁作"，应用普遍。现存实例中，还有一种综合殿堂和厅堂结构的形式，如奉国寺大殿，用纵、横、竖三个方向的柱、梁、铺作等构件，互相交错，组成一个整体，施工繁难，辽金以后废止。

（3）簇角梁结构。这种结构的特点是：用于正圆或正多边形平面的建筑，每个柱头上的角梁与中心的枨杆（雷公柱）相交，组成圆或方锥形屋顶。在明清官式建筑中，殿堂结构仅存表面形式，实际均为厅堂结构，称"大木大式"。普遍应用的"柱梁作"，称为"大木小式"。而簇角梁，则称为"攒尖"，多用于小型亭榭。此外，在长江流域和东南、西南地区，习惯用穿斗式构架。它与厅堂结构同属横向垂直的屋架，但厅堂结构由逐层抬高而减短的梁承受檩和屋顶的重量，故称抬梁式构架。穿斗架用柱直接承檩，不用梁，柱间穿枋仅是连系构件。

（4）抬梁式构架。抬梁式构架所形成的结构体系，对中国古代木构建筑的发展起着

决定性的作用，也为现代建筑的发展提供了可资借鉴的材料。这种结构的特点是：大木作结构构件，按功能可分为12类。其中拱、昂、爵头、斗四类属铺作构件。宋代抬梁式构架，根据《营造法式》，其形制一般殿堂型构架内、外柱同高，柱头以上为一水平铺作层，再上即为贯通整个房屋进深方向，随屋面坡度叠架的梁。厅堂型构架内柱升高，没有贯穿整幢房屋进深方向的大梁，在柱间使用较短的梁叠架起来。其柱大多加工成梭形，外檐四周的柱子带有生起和侧脚。

宋代抬梁式构架的梁，露明的梁称为明伏，被天花遮住的梁称为草伏，明伏有的加工成月梁形式。按每根梁长度和位置的不同称谓，如檐伏、乳伏、平梁、搭牵等。梁的长度以椽架来衡量，一椽架即指一条架在两伏之上的椽子的水平长度，一般梁的长度为几个椽架的长度即称几椽檐伏，但两椽架长的梁在构架最上一层的称为平梁，在内外柱之间的称为乳伏，处于乳伏之上一椽架长的梁称为搭牵。另外，宋代抬梁式构架的铺作，在梁柱交点的斗拱形成铺作层，它既能加强构架的整体性，又能巧妙地吸收、传递来自不同方向的荷载，是抬梁式构架中起结构作用的重要部分。

清代抬梁式构架，根据清工部《工程做法》，其特点如下：

①形制。清官式建筑构架有大式、小式之分。大式建筑

等级较高，多用斗拱。有的檐柱、内柱同高，上加主要起装饰作用的斗拱层，上承梁架，近似宋式殿堂构架，多数则近似宋式厅堂构架。大式也有不用斗拱的，用材较为粗壮。小式建筑规模小，不用斗拱，用料也较节省。但无论大式或小式建筑均无明伏、草伏的区别。

②柱。抬梁式构架中的柱子按位置定名。位于前、后檐最外一列柱子称为檐柱，位于山墙正中的柱子称为山柱，在建筑的纵中线上的内柱称为中柱，除中柱以外的内柱，均称金柱。从故宫现存建筑看，明代建筑柱子尚保留了侧脚、生起的作法，清代则很不明显。

③梁。每榀梁架中主要的梁，按本身所承托的檩数定称谓，例如上承九檩者称为九架梁，依次有八架梁、七架梁，直至三架梁。梁的长度以步架（即檩间水平距离）来计，九架梁者长八步架，七架梁者长六步架，六架梁者长五步架等。此外，还有几种次要的短梁，如檐柱与金柱间的梁，长仅一步架，在大式建筑中称桃尖梁，在小式建筑中称抱头梁。如果廊宽两步架，桃尖梁加长一倍，称双步梁；这时往往上面还有一道一步架长的短梁，称单步梁。各种类型的梁，截面高宽比，多近于6:5或5:4，截面近于方形。

④斗拱。元代以后，梁、柱节点上的斗拱逐渐变小，与唐宋建筑中的斗拱相比，结构作用减弱，装饰性加强。到清代斗拱几乎蜕化为装饰性构

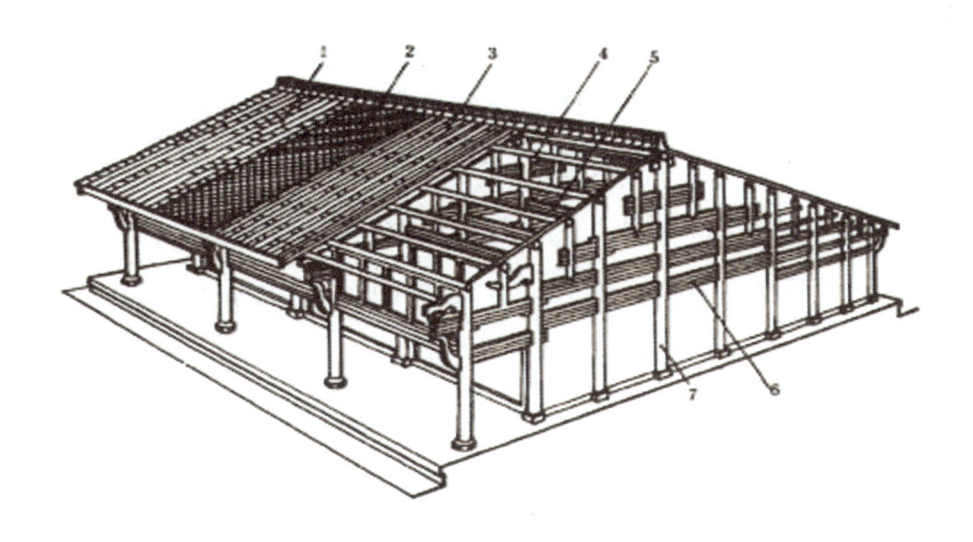

★ 穿斗式构架示意图

件。另外，梁架中的叉手、托脚被取消，纵向的联系构件减少，襻间、串等被统一成檩、垫、枋三位一体的标准作法，称"一檩三件"。

（5）穿斗式构架。中国古代建筑木构架的一种形式，这种构架以柱直接承檩，没有梁，原作穿兜架，后简化为"穿逗架"和"穿斗架"。穿斗式构架的特点是沿房屋的进深方向按檩数立一排柱，每柱上架一檩，檩上布椽，屋面荷载直接由檩传至柱，不用梁。每排柱子靠穿透柱身的穿枋横向贯穿起来，成一榀构架。每两榀构架之间使用斗枋和纤子连接起来，形成一间房间的空间构架。斗枋用在檐柱柱头之间，形如抬梁构架中的阑额；纤子用在内柱之间。斗枋、纤子往往兼作房屋阁楼的龙骨。

古代建筑

每檩下有一柱落地，是它的初步形式。根据房屋的大小，可使用"三檩三柱一穿""五檩五柱二穿""十一檩十一柱五穿"等不同构架。随柱子增多，穿的层数也增多。此法发展到较成熟阶段后，鉴于柱子过密影响房屋使用，有时将穿斗架由原来的每根柱落地改为每隔一根落地，将不落地的柱子骑在穿枋上，而这些承柱穿枋的层数也相应增加。穿枋穿出檐柱后变成挑枋，承托挑檐。这时的穿枋也部分地兼有挑梁的作用。穿斗式构架房屋的屋顶，一般是平坡，不作反凹曲面。有时以垫瓦或加大瓦的叠压长度使接近屋脊的部位微微拱起，取得近似反凹屋面的效果。

穿斗式构架以柱承檩的作法，可能和早期的纵架有一定渊源关系，已有悠久的历史。在汉代画像石中就可以看到汉代穿斗式构架房屋的形象。穿斗式构架用料较少，建造时先在地面上拼装成整榀屋架，然后竖立起来，具有省工、省料，便于施工和比较经济的优点。同时，密列的立柱也便于安装壁板和筑夹泥墙。因此，在中国长江中下游各省，保留了大量明清时代采用穿斗式构架的民居。这些地区有的需要较大空间的建筑，采取将穿斗式构架与抬梁式构架相结合的办法：在山墙部分使用穿斗式构架，当中的几间用抬梁式构架，彼此配合，相得益彰。总之，穿斗式构架是一种轻型构架，柱径一般为20～30厘米；穿枋断面不过6×12至10×20平

方厘米；檩距一般在100厘米以内；椽的用料也较细。椽上直接铺瓦，不加望板、望砖。屋顶重量较轻，有优良的防震性能。

（6）井干式结构。这是一种不用立柱和大梁的房屋结构。这种结构以圆木或矩形、六角形木料平行向上层层叠置，在转角处木料端部交叉咬合，形成房屋四壁，形如古代井上的木围栏，再在左右两侧壁上立矮柱承脊檩构成房屋。中国商代墓椁中已应用井干式结构，汉墓仍有应用。目前所见最早的井干式房屋的形象和文献都属汉代。在云南晋宁石寨山出土的铜器中就有双坡顶的井干式房屋。《淮南子》中有"延楼栈道，鸡栖井干"的

★井干式构架房屋

古代建筑

记载。

井干式结构需用大量木材，在绝对尺度和开设门窗上都受很大限制，因此通用程度不如抬梁式构架和穿斗式构架。中国目前只在东北林区、西南山区尚有个别使用这种结构建造的房屋。云南南华井干式结构民居是井干式结构房屋的实例。它有平房和二层楼，平面都是长方形，面阔两间，上覆悬山屋顶。屋顶做法是左右侧壁顶部正中立短柱承脊檩，椽子搭在脊檩和前后檐墙顶的井干木上，房屋进深只有二椽。

中国古代建筑的结构特点

中国古代建筑的实证资料与文献资料，浩如烟海，博大精深，进行理论总结需从多角度认识其特点。由于中国属于一个自古以来即是多民族荟萃的国家，而且国土自古以来博大辽远，自然地理富有东西南北不同区域性的特点，由此而使得中国各地的民族建筑类型，式样众多，各有特色。而地域辽阔，又使得中国古建筑在各地区独特的地方文化与环境的熏陶中，而形成别样的异彩纷呈。总之，中国古代建筑历经几千年的历史，至今体系未变，在世界建筑之林独树一帜，显示着古老中华文明的悠远、深厚、博大与精深。中国古代建筑的特点表现在多个方面，对这些特点的进一步挖掘和认识，在保存、继承、弘扬民族建筑文化的工作中是有重要意义的。中国古代建筑的特点主要体现在以下三个方面：

（1）吸纳兼容。中国各

民族的建筑相互影响，相互吸收、相互融合，即使是对外国的建筑文化也能兼容并蓄，消化吸收，显现出中华民族文化的巨大包容性。在中华大地上，虽然看得出各民族的建筑的色彩纷呈，但相互融合的例子也比比皆是。汉、藏建筑结合的样式最为常见，布达拉宫的宫墙上出现了汉族的斗拱，夏鲁寺的屋顶为黄琉璃四角攒尖顶，汉藏结合得天衣无缝。在湘西地区各民族的吊脚楼大同小异，相互交融十分明显。

★ 吊脚楼

对外来文化的吸纳也有许多例子，佛塔本是印度传来的，形如覆钵，传到中国与传统的楼阁相结合，将原塔缩小放在楼的顶部成为塔刹，整个塔的造型完全中国化了。清真寺也是从西边传来的，它以中国的传统建筑式样为基本造型，屋脊上加了阁楼，代替了中亚的穹顶，清真寺的前部应有"唤醒楼"，取了中亚的高塔形式，顶上加的却是中国的小亭子，清真寺的功能全满足了，外观看来却是个中国模样。今天，我们面对建筑的国际潮流是否应该效法先人的气魄，不是妄自菲薄，照搬照抄，而是吸取精华，融会贯通，为我所用，创造出既有时代气息又有中国民族特色的新建筑。

（2）历史稳定性。中国现存地上的建筑实物最早是汉代的，至今已有两千多年的历史。延绵至今的中国古代建筑造型体系自西汉已基本形成，至今未变。有人说历代建筑缺乏革新，是其不足；也有人认为这种持续不变恰为创造新时代的中国古代建筑提供了鲜明的特色基础。从研究者的角度看，这期间当然还是有不小的发展变化，如汉代建筑是坡顶平屋檐、屋顶的坡面是直线，檐下有人字拱、平拱。到唐代，其特点是"斗拱雄大，出檐深远"，"柱高一丈，出檐三尺"，屋檐做成了两端微微翘起的曲线，文人形容是"如翼斯飞"。到明清斗拱变小，拱间朵数增加，屋檐从唐宋时一条连续的曲线变成只在翼角

处起翘，轻盈的效果差不多，施工却方便多了。这些历史的差异还可以讲出许多，但比起欧洲的建筑演变，我们实在是变化太少，而富有相当的历史稳定性。

我国的西汉相当于欧洲的罗马时代，我们看看欧洲两千年来建筑的变化。罗马时代以前已有希腊建筑，它影响了罗马。三角形的山花、敦实的柱式，给人留下深刻的印象，以至于"后现代"派至今还用它来作为回归历史的符号。到古罗马时代，罗马人继承并丰富了希腊柱式，又创造了拱券和穹窿顶，成了另一种建筑风格。在地域分布上它几乎布满了欧洲大陆直到英格兰的南部，现在的欧洲几乎到处都可看到古罗马时代的建筑遗存。

以后的拜占廷时代穹顶得到极大的发展，穹窿、帆拱、鼓座使方形的平面上和谐加上圆形的穹顶，从君士坦丁堡的圣索非亚教堂到威尼斯的圣马可教堂，建筑形象又是为之一新。

十一世纪的欧洲出现了哥特式建筑，其风格完全摆脱了古罗马的影响，它们以尖券、飞扶壁、高耸的尖塔为特征，表现出火一样的热情，把建筑的艺术感染力发挥到了极致。再以后的文艺复兴，巴洛克、古典主义……它们的建筑形式的变化都很大，每种新的建筑形式出现很快就会风靡四处传遍全欧。在欧洲，当然也存在建筑的地域和民族的特点，但比起时代的特征来讲建筑的时代性远远大于地域性、民族性。欧洲的统一是暂短的，统

古代建筑

一也未到全境,之后终究还是分裂;而中国虽有过暂短的分裂,但终归是统一。中国和欧洲的这种差别使得中国古代建筑在行进的过程中始终延续着自己的风格。

(3)多样性。中国古代建筑有民族的多样性,汉、藏、蒙、傣等等,各有特色,十分鲜明。中国古代建筑又有地域的多样性,东北平原、江南水网、黄土高原、热带林区,建筑上的差异也很大。在中国,地域的差异和民族的差异共存,而地域的差异是主导因素。由此而形成了中国古代建筑的多样性。

在中国,同一地区的居住的不同民族的建筑,如在大理、丽江地区,白族建筑是砖墙瓦顶,墙面粉刷成灰白两色,山墙、檐口加彩色装饰;纳西族建筑的典型则是木结构、悬山顶,博风板上有长长的悬鱼,土坯(近年也有用砖)砌的山墙加上小小的腰檐。两者是不同的。又如在贵州,许多少数民族建筑基本是木结构穿斗架、小青瓦屋面,但建筑的布局、细部还是很不相同。

不同地区同一民族的建筑,同是汉族,北京的民居是四合院,宁波的民居院落叫"台门",江苏水乡的沿河民居又是一种形象,差别十分明显,广东、福建的客家人也属汉族,他们的"土楼"更是全然相异了。同是藏族,青海藏族住的是"庄巢",四面住房相接围在一起,外面看方方四堵墙,单坡屋顶坡向院内,雨

★独具风情的沿河民居建筑

水全流入自家，即防风又安全。它和西藏的民居完全不同，而云南、四川的藏族民居也都各有不同。

也就是说，异地同族与同地异族相比，它们虽都有不同，但比起来还是地区的差别更大一些。各民族都有自己的信仰、观念、风俗习惯，它们传承着民族特色，但作为建筑，又更多地受自然条件、建筑材料、工程技术的影响，这使得建筑的民族性和地域性产生了相互交叉的复杂关系。

总的来说，地域的差异还是要高于民族的差异，建筑表现的民族性源于地区性。民族性与地域性相结合，从而共同形成了中国古代建筑的丰富多彩。

中国古代建筑的常用构件

中国古代建筑艺术的特点是多方面的。其中，从美术鉴赏的角度来说，巧妙而科学的框架式结构即是中国古代建筑在建筑结构上最重要的一个特征。因为中国古代建筑主要是木构架结构，即采用木柱、木梁构成房屋的框架，屋顶与房檐的重量通过梁架传递到立柱上，墙壁只起隔断的作用，而不是承担房屋重量的结构部分。"墙倒屋不塌"这句古老的谚语，概括地指出了中国建筑这种框架结构最重要的特点。这种结构，可以使房屋在不同气候条件下，满足生活和生产所提出的千变万化的功能要求。同时，由于房屋的墙壁不负荷重量，门窗设置有极大的灵活性。此外，由这种框架式木结构形成了过去宫殿、寺庙及其他高级建筑才有的一种独特构件，即屋檐下的一束束的"斗拱"。它是由斗形木块和弓形的横木组成，纵横交错，逐层向外挑出，形成上大下小的托座。这种构件既有支承荷载梁架的作用，又有装饰作用。只是到了明清以后，由于结构简化，将梁直接放在柱

上，致使斗拱的结构作用几乎完全消失，变成了几乎是纯粹的装饰品。下面我们就来谈一谈中国古代建筑的常用构件。

（1）台基。台基又称基座，系高出地面的建筑物底座，用以承托建筑物，并使其防潮、防腐，同时可弥补中国古建筑单体建筑不甚高大雄伟的欠缺。台基大致可分为四种：

①普通台基。用素土或灰土或碎砖三合土夯筑而成，约高一尺，常用于小式建筑。

②较高级台基。较普通台基高，常在台基上边建汉白玉栏杆，用于大式建筑或宫殿建筑中的次要建筑。

★ 山东曲阜孔庙大成殿

古代建筑

③更高级台基。即须弥座，又名金刚座。"须弥"是古印度神话中的山名，相传位于世界中心，系宇宙间最高的山，日月星辰出没其间，三界诸天也依傍它层层建立。须弥座用作佛像或神龛的台基，用以显示佛的崇高伟大。中国古建筑采用须弥座表示建筑的级别。一般用砖或石砌成，上有凹凸线脚和纹饰，台上建有汉白玉栏杆，常用于宫殿和著名寺院中的主要殿堂建筑。

④最高级台基。由几个须弥座相叠而成，从而使建筑物显得更为宏伟高大，常用于最高级建筑，如故宫三大殿和山东曲阜孔庙大成殿，即耸立在最高级台基上。

（2）斗拱。斗拱是中国传统木构架体系建筑中独有的构件，用于柱顶、额枋和屋檐或构架间，宋《营造法式》中称为铺作，清工部《工程做法》中称斗科，通称为斗拱。斗是斗形木垫块，拱是弓形的短木。拱架在斗上，向外挑出，拱端之上再安斗，这样逐层纵横交错叠加，形成上大下小的托架。斗拱最初孤立地置于柱上或挑梁外端，分别起传递梁的荷载于柱身和支承屋檐重量以增加出檐深度的作用。

唐宋时，斗拱同梁、枋结合为一体，除上述功能外，还成为保持木构架整体性的结构层的一部分。由斗形木块、弓形短木、斜置长木组成，纵横交错层叠，逐层向外挑出，形成立大下小的托座。明清以后，斗拱的结构作用蜕化，成了在柱网和屋顶构架间主要起

中外文化艺术大讲堂

★ 宗祠描金木雕斗拱

装饰作用的构件。目前对斗拱的起源有三种说法：一种认为由井干结构的交叉出头处变化而成；一种认为由穿出柱外的挑梁变化而成；一种认为由擎檐柱演化为托挑梁的斜撑，再演化成斗拱。

斗拱在中国木构架建筑的发展过程中起过重要作用，它的演变可以看作是中国传统木构架建筑形制演变的重要标志，也是鉴别中国古代木构架建筑年代的一个重要依据。斗拱的演变大体可分三个阶段：

第一阶段为西周至南北朝。西周铜器拱令簋上已有大斗的形象，战国中山国墓出土的铜方案上有斗和45°斜置拱的形象。汉代的石阙、明器、画像石和画像砖上也有大量斗拱的形象。汉代以后开始在柱间用斗拱，最初是一种在现代称为人字拱的斗拱，即在额枋上立一个叉手，上置一斗，承托檐檩。至初唐，从西安慈恩寺塔门楣石刻《说法图》上还可看到佛殿柱间仍用人字拱。

第二阶段为唐代至元代。这个时期斗拱的主要特点在于柱头斗拱所承托的梁多插入斗

223

拱中，使斗拱和梁架拉结在一起，顺屋身左右横出的拱也和井干状的柱头方（即枋）交搭在一起。建筑的一圈柱头枋和同它成直角的正、侧两面的梁交织成一个分为若干井字格的水平框架，斗拱成为各交叉处的加强节点。这时斗拱已不再是孤立的支承架或挑檐的构件，而是水平框架不可分的一部分。这个水平框架现在称为"铺作层"，用于殿堂型构架柱网之上，对保持木构架的整体性起关键作用。现存唐代五台山佛光寺大殿的斗拱，就是这种做法的典型实例。宋《营造法式》中所载各种殿堂构架的斗拱与梁架结合，已不如唐代紧密，但仍类似。

第三阶段为明代至清代。自明代开始，柱头间使用大、小额枋和随梁枋，斗拱的尺度不断缩小，间距加密。清式建筑的梁不再像宋式那样穿插在斗拱中，而是压在斗拱最上一跳之上，直接承挑檐桁。因此，斗拱发展到明清以后便不再起维持构架整体性和增加出檐的作用，它的用料和尺度也比宋式大为缩小。

（3）彩画。彩画原是为使木结构防潮、防腐、防蛀，后来才越来越突出其装饰性，宋代以后彩画已成为宫殿不可缺少的装饰艺术。彩画可分为三个等级：

①和玺彩画。和玺彩画是等级最高的彩画。其主要特点是：中间的画面由各种不同的龙或凤的图案组成，间补以花卉图案；画面两边框住，并且沥粉贴金，金碧辉煌，十分壮

中外文化艺术大讲堂

★ 和玺彩画

丽。

②旋子彩画。等级次于和玺彩画。画面用简化形式的涡卷瓣旋花，有时也可画龙凤，两边框起，可以贴金粉，也可以不贴金粉。一般用次要宫殿或寺庙中。

③苏式彩画。等级低于前两种。画面为山水、人物故事、花鸟鱼虫等，被建筑家们称作"包袱"，苏式彩画，便是从江南的包袱彩画演变而来的。

（4）山墙。即房子两侧上部成山尖形的墙面。常见的山墙还有风火山墙，其特点是两侧山墙高出屋面，随屋顶的斜坡面而呈阶梯形。

（5）藻井。中国传统建筑中天花板上的一种装饰。名

225

古代建筑

为"藻井",含有五行以水克火,预防火灾之义。一般都在寺庙佛座上或宫殿的宝座上方。是平顶的凹进部分,有方格形、六角形、八角形或圆形,上有雕刻或彩绘,常见的有"双龙戏珠"。

(6)木头圆柱。常用松木或桶木制成的圆柱形木头。置于石头(有时是铜器)为底的台上。多根木头圆柱,用于支撑屋面檩条,形成梁架。

(7)翼角。翼角是中国古代建筑屋檐的转角部分,因向上翘起,舒展如鸟翼而得名,主要用在屋顶相邻两坡屋檐之间。中国古代房屋多有深远的出檐。《诗经》就有"如翚斯飞"的句子赞美建筑物,可知西周大屋顶已引人注目,但不知有无翼角。出土的战国

★翼角

铜屋、铜阙和铜器上镂刻的建筑图象都是直屋面和挑出很远的直屋檐,无翼角。现存最早的屋角做法表现在东汉石阙上,檐口是直的,在45°线上有斜置的角梁。

角椽的排列方式一种是角椽同正身椽平行,愈至角则椽愈短,椽尾插入梁侧;另一种是角椽逐根加大斜度,向角梁倾斜,如鸟翼上的羽毛,椽尾

也插入角梁侧，椽长虽也逐根缩短，由于倾斜，所以长度大于前一种。这两种排列方式沿用到唐代，翼角的具体形象最早见于南北朝石刻中。最早的实物是五台县南禅寺大殿的翼角。

（8）发戗。南方气候温暖，积雪不多，因此屋角可翘得更高，弯转如半月，名曰发戗。南式发戗有水戗、嫩戗两种。水戗发戗的双层角梁和翼角的构造与北方的基本相同，只是屋角（南方叫水戗）向外伸出得多和翘得高。有的甚至不用子角梁，而在老角梁前面加一段弯木头——弦子戗，使屋角翘起来。这样，屋檐本身比较平直，但屋角的翘起颇为突出。南方高大的庙宇和园林风景建筑，大都用嫩戗发戗，

屋角翘得很高，出檐很大。其做法是将嫩戗向上斜插在老戗端部；立脚飞椽也顺着正身飞椽到嫩戗之间的翘度变化，依势向前上方翘起排列，组成一个向上翘起的屋角。屋面上老戗与嫩戗间的凹陷处用菱登木、箴木、扁担木等填成衔接自然的弧度，使屋面到嫩戗尖形成优美的曲线。下面说一说

★ 江南园林亭之水戗发戗

古代建筑

水戗发戗，嫩戗发戗与嫩戗戗角木骨架构造。

①水戗发戗。屋角处的角梁断面高度为椽高的三倍左右，椽和角梁的下端都搭在檐檩上。为使角椽上皮逐渐抬高到与角梁上皮相平，以便铺望板，在屋角处正侧两面的檩上各垫一根三角形木条，宋代称"生头木"（清称"枕头木"）。这样屋檐至角处就出现平缓的上翘。此做法约始于南北朝后期。中国古代建筑翼角上翘的特点，至此形成。

大约在唐代中期或晚期，出现了新的角椽的排列方式，角椽自梢间下平暗（清代称下金桁）起，逐根呈辐射状展开，向角梁靠拢，最末一根与角梁相并。椽近似于从一个中心辐射出去，不是像以前排列方式逐根缩短，而是在开始时逐根加长，最后几根椽尾出于构造的原因，并入角梁侧椽槽内，才开始缩短。此种做法的最早实例是五台县唐代建筑佛光寺大殿。此后，这种翼角椽排列方式被普遍采用。

②嫩戗发戗。宋代以前，屋角的水平投影都是直角。北宋开始，角梁向外加长，角椽也随之逐根加长，屋角的水平投影呈尖角状，宋时称为"生出"，清代称为"出翘"或"冲"。出翘加强了翼角翘起的效果。元代以前，大角梁的后尾搭在下平暗的交点上，是斜放的简支梁。子角梁后尾抹斜，压在大角梁上，形如加粗的飞椽。元代开始，老角梁后尾有的移到下平暗交点之下；到明代，成为普遍做法。明清

228

的子角梁后尾又加长到与老角梁后尾等长，二者上下相叠，各在后尾上开一半圆槽，合成一个圆孔，抱住正侧面下金檩的交点。由于老角梁尾由檩上移至檩下，角梁外端就比原来翘得更高，檐口曲线至角处的起翘也较前加大而显得急骤。这种角梁做法的变化，反映在建筑外观上就是宋代以前檐口呈曲线、翘角平缓挺劲和明代以后檐口平直、翘角急骤的差异，形成明显不同的风格。

③嫩戗发戗角木骨架构造。现在最常见的翼角做法，北方是清代官式做法，南方是主要流传于江浙地区的发戗做法。清代官式建筑翼角起翘一般为"冲三翘四"，即自正身椽上皮到最末一根角椽上皮升高四椽径，出翘为角梁外端的正投影长出正身椽三椽径。翼角处椽是圆椽，椽尾需砍削成不同厚薄和斜度的楔形，以便做成近似于辐射的排列和逐根上翘。檐椽上铺望板，望板上再钉方形的翘飞椽。翘飞椽的形体随着起翘、出翘，逐根变化，比檐椽复杂得多。飞椽后尾翘起程度的变化称"翘度"；翘起处两个转折面交线的斜度因需平行于出翘曲线而变化，称为"扭度"；飞椽椽身断面由正方形变为菱形，以使顶边平行于翘起的曲线，并保持两侧边为垂直面，称为"撇度"。与此同时，椽身和椽尾的长度也在变化。

（9）举架。中国传统建筑确定屋顶曲面曲度的方法。这种建筑在梁架层叠加高时，用举架方法使屋顶的坡度越往

古代建筑

上越陡，从而呈凹曲面，以利于屋面排水和檐下采光，这样形成中国古代建筑独有的风貌。这种方法在清工部《工程做法》中称为举架，在宋《营造法式》中名为举折，在记述江南建筑做法的《营造法源》中谓之提栈。举架、举折、提栈的作用和目的相同，只是由于时代或地区的不同，具体做法略有差异。

（10）开间。四根木头圆柱围成的空间称为"间"。建筑的迎面间数称为"开间"，或称"面阔"。建筑的纵深间数称"进深"。中国古代以奇数为吉祥数字，所以平面组合中绝大多数的开间为单数；而且开间越多，等级越高。北京故宫太和殿，北京太庙大殿开间为11间。

（11）大梁。即横梁，架于木头圆柱上的一根最主要的木头，以形成屋脊。常用松木、榆木或杉木制成。是中国传统木结构建筑中骨架的主件之一。

（12）屋顶。中国传统屋顶有六、七种之多，其中以重檐庑殿顶、重檐歇山顶为级别最高，其次为单檐庑殿、单檐歇山顶。

①庑殿顶。四面斜坡，有一条正脊和四条斜脊，屋面稍

★ 庑殿顶

有弧度，又称四阿顶。

②歇山顶。是庑殿顶和硬山顶的结合，即四面斜坡的屋面上部转折成垂直的三角形墙面。有一条正脊、四条垂脊、四条依脊组成，所以又称九脊顶。

③悬山顶。屋面双坡，两侧伸出山墙之外。屋面上有一条正脊和四条垂脊，又称挑山顶。

④硬山顶。屋面双坡，两侧山墙同屋面齐平，或略高于屋面。

⑤攒尖顶。平面为圆形或多边形，上为锥形的屋顶，没有正脊，有若干屋脊交于上端。一般亭、阁、塔常用此式屋顶。

⑥卷棚顶。屋面双坡，没有明显的正脊，即前后坡相接处不用脊而砌成弧形曲面。

中国古代建筑的装饰材料

在中国古代建筑艺术中，一些重要的纪念性建筑，如北京的故宫、天坛等再加上黄色、绿色或蓝色的琉璃瓦，下面衬以一层乃至好几层雪白的汉白玉台基和栏杆，在华北平原秋高气爽、万里无云的蔚蓝天空下，它的色彩效果是无比动人的。当然这种色彩风格的形成，在很大程度上也是与北方的自然环境有关。因为在平坦广阔的华北平原地区，冬季景色的色彩是很单调的。在那样的自然环境中，这种鲜明的色彩就为建筑物带来活泼和生趣。

基于相同原因，在山明水秀、四季常青的南方，建筑的色彩一方面为封建社会的建筑等级制度所局限，另一方面也是因为南方终年青绿、四季花开，为了使建筑的色彩与南方的自然环境相调和，它使用的色彩就比较淡雅，多用白墙、灰瓦和栗、黑、墨绿等色的梁柱，形成秀丽淡雅的格调。这种色调在比较炎热的南方的夏天里使人产生一种清凉感，不像强烈的颜色容易令人烦躁。因此，中国古代建筑艺术中的

装饰手法，尤其是建筑物装饰色彩的运用，是与传统的社会政治制度、风俗文化心理以及自然地理景观等诸多要素紧密相关的。一般来说，中国古代建筑的装饰材料主要有木作装饰、砖瓦作装饰、石作装饰，以及油漆彩画作装饰。

大木作装饰

大木作装饰是对木结构主要构件的艺术加工，主要包括两种手法：

（1）卷杀，即将柱、梁、枋、斗拱、椽子等构件的端部砍削成缓和的曲线或折线，使构件外形显得丰满柔和。每种构件的卷杀有一定规矩，元明以前使用得较为普遍。清代官式建筑重视总体艺术效果，只有斗拱的拱端保留卷杀做法，其他一概去掉。

（2）将结构构件的端部做出各种花样，如清代官式建筑常将梁枋端作成桃形（桃尖梁）、云形（麻叶头）、拳形（霸王拳），拱端则有菊花头、三岔头、三幅云等形状；非官式建筑的花样更多，常常雕成各种植物和龙、象等兽头形。

小木作装饰

小木作装饰是对门窗、廊檐、天花及室内分隔构件的艺术处理。重要建筑的大门上常常装饰铜质的门钉、门环、角叶，门环是装饰的重点，多做成兽面吞环。口扇门和窗子的棂格是装饰艺术的重点部位，口扇门下部的木板（裙板、绦环板）也常雕刻花饰。重要建筑的棂格用正交、斜交直棂和圆棂组合成为菱花（宋代称为

古代建筑

毯纹），裙板雕龙纹；一般建筑是直棂、正交或斜交方格、以及灯笼框、步步锦、冰裂纹及曲棂等形式，裙板雕花卉及几何纹。

廊檐枋子下常设雕刻繁复的雀替、或楣子、挂落；廊柱下部配以木栏杆，有花栏杆、坐凳栏杆、靠背栏杆（美人靠）等形式。天花板分为海漫、井口、平口和卷棚等，海漫不分格，可绘彩画；井口天花用支条分成方格，中画团状彩画；平口多在宋代以前建筑中使用，为小方格形，不画彩画；卷棚又称轩，为向上拱起的曲面天花，多用于南方园林的厅堂前部及前廊。重要建筑正中设藻井，有圆形、方形、菱形及覆斗、斗八等形式，尊

★ 藻井

贵的建筑中藻井层层收上，用斗拱、天宫楼阁、龙凤等装饰，并满贴金箔，富丽异常。室内分隔的构件主要有碧纱橱（即室内口扇门）、罩和博古架、板壁门洞等数种，其中罩是一种半分隔式构件，有几腿罩、正罩、栏杆罩、花罩、圆光罩等，形式最多。

另外还有龛、橱、帐等室内小木作，常常是大型建筑的缩小，其中有一种清代称为"仙楼"的，是在室内架设小阁楼，布局奇巧精致，极有趣味。室内装饰多用硬木制作，有些雕琢细腻，并镶嵌珠玉、螺钿、金银，豪华富丽，因出于扬州周姓工匠之手，通称为周制。匾联也属于小木作艺术。匾又称牌、额，一般分为两类：一类只题殿堂、商号名称，另一类则题刻有所寄寓的思想情趣。前者形式正规，为长方形，可横可竖，可有边框也可没有，重要建筑则在匾四周设华带板，构成立体的边框（如宋代的华带牌、风字牌）；后者比较自由，有册页形、秋叶形、手卷形、碑碣形等，多用于园林建筑。联，又称楹联、对联，气氛严肃的建筑常用长条形、表面呈弧状，紧贴圆柱；园林建筑的楹联变化较多，有蕉叶联、此君联（竹节形）、雕花联等。匾

★ 楹 联

古代建筑

联集诗文、书法、工艺美术于一身，不但本身的艺术造型丰富了建筑艺术，而且通过题写的文字，深化了建筑艺术的内容。

砖瓦作装饰

砖瓦作装饰是对屋顶、墙面、地面、台座等砖瓦构件的艺术处理，可分为陶土砖瓦和琉璃砖瓦两大类。屋面是古代建筑重点装饰的部位之一。筒瓦檐端有瓦当，汉以前瓦当有圆形、半圆形（也包括多半圆）两种，上面模印文字（宫殿名和吉祥词）、四灵（朱雀、玄武、青龙、白虎）、卷草、夔龙等图案；汉以后都是圆形，南北朝至唐几乎都为莲瓣纹，宋以后则有牡丹、盘龙、兽面等。檐端板瓦设滴子，元代以前多为盆唇状，以后则变为叶瓣形，并模印花纹。正脊两端设鸱尾、兽头或吻，唐以前多用鸱尾，为内弯形的鱼尾状，并附有鳍；宋代鸱尾、兽头并用，但鸱尾已出现吞脊龙首，并减去鳍；明清改鸱尾为吞脊吻，吻尾外弯，同时仍保留兽头。垂脊、斜脊端部，唐以前不设走兽，宋代开始有仙人、龙、凤、狮子、马等，明清大体沿用宋制，但更定型化；民间建筑的吻、兽花样极多，有鲜明的地方风格。

屋脊在宋以前多用板瓦叠砌，正中设宝珠；元以后改为定型化的空心脊筒子，并增加花饰；民间建筑则用砖、瓦垒砌，比较朴素。地面铺砖，唐代常用模印莲花纹方砖铺于重要建筑的坡道和甬路上，宋以

后多为素平铺装。墙面砌砖，质量高的建筑使用磨砖对缝，清代按砌筑的精细程度分为乾摆（无灰缝）、丝缝（灰缝内凹极小）、淌白（灰缝较大，有些用凸缝）三种做法。

影壁墙、山墙端部和砖墙门窗边框及雨罩常做出细致的砖雕，有些雕出仿木结构形式，楼房挑出的檐廊则用砖雕做出仿木栏杆。建筑的台座，特别是砖塔的基座，多用砖砌出须弥座，上面雕刻繁复的花纹。南北朝以前有许多模印花纹的砖砌在墙面上，题材从人物故事到各种图案，非常丰富，但大多数用于墓葬中。琉璃砖瓦的装饰手法和形式基本上和陶土砖瓦相似，只是规格化的程度更高，许多构件都是定型化生产，艺术效果庄重典丽，不适用于园林民居。

石作装饰

石作装饰是对台基、栏杆、踏步和建筑小品等石构件的艺术处理。石雕手法，按宋《营造法式》规定共有四种，即剔地起突（高浮雕及圆

★ 门楼砖雕

古代建筑

雕)、压地隐起(浅浮雕)、减地平𬮿(平面浅浮雕)和素平(平面细琢),另外在实物中还有一种平面线刻的做法;题材则有龙、凤、云、水、卷草、花卉等10余种,台基在高级建筑中多做成雕有花饰的须弥座,座上设石栏杆,栏杆下有吐水的螭首。

石柱础的雕刻,宋元以前比较讲究,有莲瓣、蟠龙等,以后则多为素平"鼓镜",但民间建筑花样很多。个别重要建筑用石柱雕龙,也有的雕刻力士仙人。石栏杆基本是仿木构造,宋、清官式建筑均有定型化的做法,只在望柱头上变化形式;但园林和民间建筑中石栏杆形式变化极多,不受木结构原型的限制。

高级建筑踏步中间设御路石,上面雕刻龙、凤、云、水,与台基的雕刻合为一体。石刻小品种类最多,大至宫门前满雕盘龙、上插云板、顶蹲坐龙的华表,小至雕成金钱状的渗水井盖,都有独到的艺术处理。许多小品,如石台、石灯、石鼎、石炉、石狮、石象等,它们的尺度、题材和手法,都按照所在的环境特点和要求表达的内容加以处理,没

★石 狮

有一定成规。

油漆彩画作装饰

油漆彩画作装饰是对木结构表面进行艺术加工的一种重要手段，有时个别砖石建筑表面也作油漆彩画。油漆只是对木结构表面作单色装饰。明清以前对木材表面直接处理（打磨、嵌缝、刷胶），外刷油漆。清代中期以后普遍用地仗的做法，即用胶合材料（血料）加砖灰刮抹在木材外面，重要部位再加麻、布，打磨平滑后刷油漆。油漆的色彩是表示建筑等级和性格最重要的一种手段，从周朝开始即有明文规定，在艺术处理上则考虑主次搭配，如殿用红柱，廊即改为绿柱；框用红色，梘即用绿等。彩画是油饰艺术中最重要的组成部分。

附录一 中国古代特色民居

中国庭院式的组群与布局，一般都是采用均衡对称的方式，沿着纵轴线（也称前后轴线）与横轴线进行设计。比较重要的建筑都安置在纵轴线上，次要房屋安置在它左右两侧的横轴线上，北京故宫的组群布局和北方的四合院是最能体现这一组群布局原则的典型实例。这种布局是和中国封建社会的宗法和礼教制度密切相关的。它最便于根据封建的宗法和等级观念，使尊卑、长幼、男女、主仆之间在住房上也体现出明显的差别。

中国的这种庭院式的组群布局所造成的艺术效果，与欧洲建筑相比，有它独特的艺术魅力。一般地说，一座欧洲建筑，是比较一目了然的。而中国的古建筑，却象一幅中国画长卷，必须一段段地逐渐展看，不可能同时全部看到。走进一所中国古建筑也只能从一个庭院走进另一个庭院，必须全部走完才能看完。北京的故宫就是最杰出的一个范例，人们从天安门进去，每通过一道门，进入另一庭院；由庭院的这一头走到那一头，一院院、一步步景色都在变换，给人以深切的感受。故宫的艺术形象也就深深地留在人们的脑海中了。在中国古代民居建筑中，也多采用庭院式的组

群与布局。下面介绍中国几种富有特色的民居：

(1) 北京四合院。中国北方的住宅以北京的四合院最具有代表性。四合院作为北京的传统民居，在元代（公元1271—1368年）就已出现了。不过现存的四合院大多数是清代（公元1644—1911年）到20世纪30年代所建的。北京四合院住宅分前后两院，前院横长，院门由于风水信仰，多设在东南角，院内布置次要用房；后院方阔，通过垂花门式的中门进入，居中的正房体制最崇，称为堂，是举行家庭礼仪，接见尊贵宾客的地方，堂屋左右接建耳房，耳房和左右厢房都作居室用。各幢房屋朝向院内，有前廊，用抄手游廊把它们和中门连接起来。有时在后院以后还有一长排后照房作居室或杂用。大型住宅常沿中轴线串连多座院落，中轴左右也可各并连一串院落。

四合院的"四"字，表示的是东南西北四面；"合"是围在一起的意思。也就是说，四合院是由四面的房屋或围墙圈成的。里面的建筑布局，在封建宗法礼教的支配下，按着南北中轴线对称地布置房屋和院落。四合院是个统称，由于建筑面积的大小以及方位的不同，从空间组合来讲有大四合院、小四合院、三合院之分。

北京四合院宁静亲切，庭院比例方阔，尺度合宜，院中莳花置石，是十分理想的室外生活空间。回廊把庭院分成了大小几个空间，互相渗透，增加了层次、虚实和光影的变化。室内常用半开敞的木装修来分隔空间。四合院中除大门与外界向通之外，一般都不对外开窗户，即使开窗户也只有南房为了采光，在南墙上离地很高的地方开小

窗。因此，只要关上大门，四合院内便形成一个封闭式的小环境。随着时代的前进，古老的北京四合院逐渐被更方便的单元住宅楼所代替。

(2) 四川民居。四川地区夏季炎热，冬季少雪，风力不大，雨水较多。于是平房瓦顶、四合头、大出檐成为民居的主要形式。阁楼亦成了贮藏隔热之处。由于多山，山区民居不十分讲究朝向，因地制宜，且天井纵深较浅，以节省用地面积。四合院住宅的屋顶相连，雨天可免受雨淋之苦，夏日不致使强烈的阳光过多射入室内。而且宅出檐及悬山挑出很大，也可防止夹泥墙或木板墙、桩土墙遭雨水冲刷。

四川民居多为穿斗式屋架。这里的人们在建造民居时善于利用地形，因势修造，不拘成法。常常在同一住宅中，地平有数个等高线。住宅基地的退台有横向、有纵向，造成屋顶高低的配合。加上屋檐一般不高，绿影婆娑，润泽可悦，使人感到温适而明快。重庆及川东山区的民居不注重朝向，依山崖而建，吊脚楼伸出很大，有的层层出挑，气魄宏大，雄伟异常。

(3) 山西民居。在中国民居中，山西民居和皖南民居齐名，一向有"北山西，南皖南"的说法。山西民居中，最富庶、最华丽的民居要数汾河一带的民居了，而汾河流域的民居，最具代表性的又数祁县和平遥。祁县在山西太原南面，位于晋中。祁县城中竟有40多个多进豪华院落留存，而这里民居之所以品质高，是因为从明朝起，许多祁县人便外出经商，致富返乡后，便在自己故里纷纷大兴土木，营造住宅。

祁县城里的民居完全具备山

西民居的几个主要特点：一是外墙高，从宅院外面看，砖砌的不开窗户的实墙有4、5层楼那么高，有很强的防御性。二是主要房屋都是单坡顶，无论厢房还是正房、楼房还是平房，双坡顶不多。由于都是采用单坡顶，外墙又高大，雨水都向院子里流，也就是"肥水不外流"。三是院落多为东西窄、南北长的纵长方形，院门多开在东南角。

乔家大院位于祁县的乔家堡村。"子孙贤族将大，兄弟睦家之肥"，这是黑漆门扇上一幅鲜亮的铜对联。乔家大院的建筑装饰到处浸透着治家之道。乔家大院的大门像一个城门，门上悬挂着的灯笼还是拍电影《大红灯笼高高挂》时留下的。乔家大院其实是在一个方形的城堡内，中间有一条巷道，巷道的一头是大门，对准大门的另一头是祠堂。巷道的左右各有3个大门，共有6个院落，每个院落中又是两三进的小院，院子左右两侧还有侧院，房屋共计313间，这样一个复杂的平面，组成了一个富有变化的建筑空间。

与乔家大院对应的渠家大院，位于祁县县城东大街路北，是清末民初显赫一时的名门望族、晋商翘楚渠源浈的宅院。大院占地5217平方米，内分8个大院，中套19个四合式院落，共有房屋240间。大院外观为城堡式，墙头有垛口式女墙。宽敞高大的阶进式大门洞，上面高耸着一座玲珑精致的眺阁，显得巍峨壮观。

（4）潮汕农村传统民居。潮汕农村传统民居的样式很多，且都用生动形象的名称来命名，如"四马拖车"、"四点金"、"下山虎"等等。"四马拖车"，也称

243

古代建筑

"三落二火巷一后包",是"四点金"的复杂化。"落"是潮汕方言,即进的意思。第一进有凹形门厅,俗称"门楼肚"。一进与二进间,有天井及左右两道通廊。过了天井便是二进,二进有面阔二间的大厅,两边各有一间房子称为"大房"。二进和三进中间也有天井,三进的结构与二进相同,只是三进的大厅后面隔开一块狭长的暗间,称作"后库"。后包指三进后面的一列房子。整个建筑格局就像一驾由四匹马拉着的车子,故名"四马拖车"。

"四马拖车"整个建筑的各个部分都有它特殊功能。头进的"反照"是为了遮挡路人和客人的视线,不致使屋里一览无遗。长辈们重要的会见和议事则在二进和三进的大厅进行。三进的大厅还设置祖龛供奉祖宗灵位。逢年过节、祖宗忌辰,家人要出国,就要开龛门祭拜抑或向祖宗"告别";家人做了伤风败俗的事要绳之以家法,也要开龛焚香,让他在祖宗面前请罪。后库则是供奉丧事时停放棺柩的地方。家中遇上办喜事,则各进大厅的禅门洞开。办丧事时更为隆重,不单要卸下"反照",还要卸下各进的禅门。所有天井架上地板,天井的上空撑起帐篷。这样一来,一、二、三进形成了一个宽敞的大空间,便于进行各种活动。"四马拖车"规模庞大,为大官宦、大富豪人家所建。现存较完整的"四马拖车"如澄海县隆都镇的"慈黉爷故居"。

"四点金"是潮俗独特的村居,是一种多层次、对称、平衡、结构完整的平房式宅第。外围一般有围墙,围墙内打阳埕,凿水井;大门左右两侧有"壁肚";一进门

244

就是前厅，两边的房间叫前房；进而是空旷的天井，两边各有一房间，一间作为厨房，称为"八尺房"；另一间作为些草房，一般称为"厝手房"；天井后边为大厅，两边各有一个大房。"四点金"的构筑还有多种：只有前后四个正房，没有厝手房及八尺房，而四厅齐向天井的，称"四称会"；前后房都带八尺房和厝手房的，则变八房为十室的称为"四喷水"。如果有"四点金"外围建一圈房屋，则谓之"四点金加厝包"。旧时只有殷富显达的家庭才能建造。

"下山虎"房屋的建筑在潮汕农村中较为普遍。建筑格局比"四点金"简单，少了两个前房，其余基本一样。"下山虎"因为门路出入不同，顺此有开正门和边门的区别。通常中间不开大门而只开两边门的称为"龙虎门"，也有既开正门又开两边门的。整座格局形成前低后高，因此得名。值得一提的是，无论是"四点金"还是"下山虎"，潮汕民宅有一个突出的特点就是极其注重装饰，因此在中国民居界流传着"京华帝王府，潮汕百姓家"的说法。

附录二 中国古代特色园林

中国古典园林建筑是采用小体量分散布景，不像宫殿庙宇那般庄严肃穆。特别是私家庭园里的建筑，更是形式活泼，装饰性强，因地而置，因景而成。皇家园林在总体布局上，为了体现封建帝王的威严，和美学上的对称、匀衡艺术效果，都是采用中轴线布局，主次分明，高低错落，疏朗有致。私家园林往往是突破严格的中轴线格局，灵活而又富有变化。通过比、呼应、映衬、虚实等一系列艺术手法，造成充满节奏和韵律的园林空间，居中可观景，观之能入画。中国古典园林的类型更是众多。比如，按照中国古典园林的拥有者可以划分为皇家园林、私家园林；按照其功能可以划分为一般园林、居所园林、寺庙园林、陵墓园林、公共园林、纪念园林等。而按照地域又可划分为北方园林、江南园林、岭南园林与巴蜀园林。下面简单介绍一些中国古典园林中最富有代表性的名园：

（1）颐和园。颐和园是清代的皇家花园和行宫，前身清漪园，颐和园是三山五园中最后兴建的一座园林，始建于1750年，1764年建成，面积290公顷（4400亩），水面约占四分之三。乾隆继位以前，

在北京西郊一带,已建起了四座大型皇家园林,从海淀到香山这四座园林自成体系,相互间缺乏有机的联系,中间的"瓮山泊"成了一片空旷地带,乾隆决定在瓮山一带动用巨额银两兴建清漪园,以此为中心把两边的四个园子连成一体,形成了从现清华园到香山长达二十公里的皇家园林区。清漪园1860年被焚毁,1866年重建,改名颐和园,1900年,颐和园又遭八国联军严重破坏,1902年修复。

(2)避暑山庄。避暑山庄位于河北承德市,面积560公顷,它始建于康熙四十二年(1703年),到乾隆五十五年(1790年)方告结束,历时80余年,内有景点72个,皆为四字景,如:烟波致爽、芝径云堤等,乾隆建景36个,皆为三字,如畅远台、水心榭等。全园四大景区:宫殿区、湖洲区、平原区和山岳区。园林的特色是缩仿名景、借景八庙、多采用江南手法。山庄功能完备,俨然一个城市,有街市,有住宅,有园林,有办公地点。

(3)拙政园。拙政园是中国园林的经典之作,是中国四大名园之一。始建于明代正德四年(公元1509年)为明代弘治进士、御史王献臣弃官回乡后,在唐代陆龟蒙宅地和元代大弘寺旧址处拓建而成。取晋代文学家潘岳《闲居赋》中"筑室种树,逍遥自得,灌园鬻蔬,以供朝夕之膳,此亦拙者之为政也"句意,将此园命名为拙政园。王献臣在建园之期,曾请吴门画派的代表人物文征明为其设计蓝图,形成以水为主,疏朗平淡,近乎自然风景的园林。因为文征明参与设计,文人气息尤其浓厚,处处诗情画意。

拙政园以水景取胜，平淡简远，朴素大方，保持了明代园林疏朗典雅的古朴风格。景区分为东、中、西三部，另有原住宅处于1992年建成苏州园林博物馆对外开放，这亦是中国首家园林专题馆。王献臣死后，其子豪赌将园输给徐氏，徐氏子孙后亦衰落。明崇祯四年（1631）园东部归侍郎王心一，名"归田园居"。园中部和西部，主人更换频繁，乾隆初，中部复园归太守蒋棨所有。咸丰十年（1860年）太平军进驻苏州，拙政园为忠王府，相传忠王李秀成以中部见山楼为其治事之所。光绪三年（1877年）西部归富商张履谦，名"补园"。

（4）留园。留园在苏州阊门外，留园是明万历年间太仆徐泰时建园，时称东园，园中假山为叠石名家周秉忠（时臣）所作。清嘉庆年间，刘恕以故园改筑，名寒碧山庄，又称刘园。同治年间盛旭人购得，重加扩建，修葺一新，取留与刘的谐音改名留园。科举考试的最后一个状元俞樾作《留园记》称其为"吴下名园之冠"。与拙政园、北京颐和园、承德避暑山庄齐名，为全国"四大名园"。

（5）狮子林。狮子林为苏州四大名园之一，至今已有650多年的历史。元代至正二年（公元1342年），元末名僧天如禅师维则的弟子"相率出资，买地结屋，以居其师。"因园内"林有竹万固，竹下多怪石，状如狻猊（狮子）者"，又因天如禅师维则得法于浙江天目山狮子岩普应国师中峰，为纪念佛徒衣钵、师承关系，取佛经中狮子座之意，故名"狮子林"。

狮子林既有苏州古典园林亭、台、楼、阁、厅、堂、轩、廊之人

楚天极目

文景观，更以湖山奇石，洞壑深遂而盛名于世，素有"假山王国"美誉。元代流传至今的狮子林假山，群峰起伏，气势雄浑，奇峰怪石，玲珑剔透。假山群共有九条路线，21个洞口。横向极尽迂回曲折，竖向力求回环起伏。游人穿洞，左右盘旋，时而登峰巅，时而沉落谷底，仰观满目迭嶂，俯视四面坡差，或平缓，或险隘，给游人带来一种恍惚迷离的神秘趣味。

"对面石势阴，回头路忽通。如穿九曲珠，旋绕势嵌空。如逢八阵图，变化形无穷。同游偶分散，音闻人不逢。变幻开地脉，神妙夺天工。"是狮子林的真实写照。据史载，1703年2月11日康熙皇帝南巡、狮子林赐额"狮林寺"后，乾隆皇帝六游狮子林，先后赐"镜智圆照"、"画禅寺"及"真趣"等匾额。乾隆还下令在北京圆明园、承德避暑山庄内仿建了两座狮子林。中国园林界认为"苏州园林甲江南，狮子林假山迷宫甲园林"。

（6）沧浪亭。在现存苏州园林中，历史最为悠久。全园布局，自然和谐，堪称构思巧妙、手法得宜的佳作。与狮子林、拙政园、留园列为苏州宋、元、明、清四大园林。沧浪亭数易其主，历经沧桑，但多是建物的倾毁修复，而园中假山，园外池水，大多保持旧观。全园景色简洁古朴，落落大方。不以工巧取胜，而以自然为美。不矫揉造作，不亡加雕饰，不露斧凿痕迹；而且景致表现得法，力求山水相宜，宛如自然风景。

沧浪亭园外景色因水而起，园门北向而开，前有一道石桥，一湾池水由西向东，环园南去清晨夕暮，烟水弥漫，极富山岛水乡诗意。而园内布局以山为主，入门即

见黄石为主，土石相间的假山，山上古木新枝，生机勃勃，翠竹摇影于其间，藤蔓垂挂于其上，自有一番山林野趣。建筑亦大多环山，并以长廊相接。但山无水则缺媚，水无山则少刚，遂沿池筑一复廊，蜿蜒曲折，既将临池而建的亭榭连成一片，不使孤单，又可通过复廊上一百余图案各异的漏窗两面观景，使园外之水与园内之山相映成趣、相得益彰，自然地融为一体，此可谓借景的典范。园内还有五百名贤祠，壁上嵌有五百余人像石刻，运刀细腻，颇值观赏。

（7）怡园。怡园在苏州园林中建造最晚，因而得以博采诸园之长，形成其集锦式的特点，由于其布局紧凑，手法得宜，有较高的观赏价值。全园面积约九亩，东西狭长。园景因地制宜分为东西两部，中以复廊相隔，廊壁花窗，沟通东西景色，得以增加景深，廊东以庭院建筑为主，曲廊环绕亭院，缀以花木石峰，从曲廊空窗望去皆成意蕴丰富的国画。

廊西为全园主景区，池水居中，环以假山、花木及建筑。中部水面聚集，东西两端狭长，并建曲桥、水门，以示池水回环、涓涓不尽之意。池北假山，全用优美湖石堆叠，山虽不高而有峰峦洞谷，与树木山亭相映。主要厅堂藕香榭，为一座鸳鸯厅式的四面厅。北临池水，南向庭院，右为小桥流水，左右有亭轩洞壑，由此可至西部各景区。东西两部还有历代名人书画条石数十方，可供观摩欣赏，人称"怡园法帖"。